KB011799

무엇이든
잘 풀리는 인생

무엇이든
잘 풀리는 인생

김새해

RISE

차 례

2장.

돈이 알려주는 행복의 진짜 의미

3장.

당신의 모든 것을 바꾸는 마법의 주문

4장.

인생은 눈부시게 아름답다

프롤로그

끝없이 쏟아지는 듯한 장맛비도 결국 끝이 있는 것처럼, 가도 가도 끝이 보이지 않는 고통도 끝이 있다. 끝까지 가서 그 끝을 만나게 되면, 그 끝은 또 다른 시작이 된다. 고통을 겪는 목적은, 다양한 경험에 비추어 자신이 부끄러워지며 스스로 반성할 계기를 마련하기 위해서인지도 모른다. 인생의 쓴맛을 겪으며 지금의 내 인생에 대해 돌이켜보고, 다양한 화두를 품고 자신과 대화하는 삶 속에서 사는 목적은 '정답 찾기'가 아니라 지금 '희망을 발견하기'라는 것을 깨닫게 된다.

다 큰 어른이 되었음에도 한없이 울던 나의 지난 경험들이 같은 상황을 겪고 있는 많은 사람에게 도움이 되길 바란다. 나의 책을 보는 당신도 현실과 이상의 괴리 속에서 울고 싶을 땐 펑펑 울기를, 그리고 다시 희망을 품고 한 걸음 더 나아가면 된다고 말하고 싶다. 내가 누구인지에 대한 답은 오직 자신이 내리는 것이다. 그렇기에 당신 삶의 한계 또한 스스로 정하길 바란다. 힘든 삶 속에서도 자신의 한계를 넘으며 작은 성공을 거듭 체험하다 보면, 원하는 무엇이든 쉽게 얻을 수 있게 된다. 머리가 아닌 몸에 새긴 성공의 습관은 반드시 꿈을 이루게 해주기 때문이다.

삶이 마음대로 풀리지 않았던 시절, 나의 고난을 견딜 수 있었던 건 작지만 선명한 빛이 되어준 한 단어 때문이다.

'희망.'

지구의 정반대 편에서 외국인 노동자로 일하며 발견한 경이로운 이름.

"왜 살아야 하는지 아는 사람은, 그 어떤 어려움도 이겨낼 수 있다."

프리드리히 니체의 말처럼 나의 삶엔 두려움은 사라지고 희망만 가득하다. 나는 가도 가도 끝이 보이지 않는 고통의 끝까지 가서 그 끝을 만났다. 그리고 그 끝은 다시 시작이 되어, 나를 생생하게 살아있게 한다.

20대의 나는 내 의지와 관계없이 부평초처럼 떠돌았다. 거주 국가가 4번 바뀌고, 15번 이상 이사를 다니고, 무려 30번이나 직장이 바뀌었다. 평생토록 나라는 사람이 누구인지 모른 채 허둥지둥 살다 갈 수도 있는 상황이었다. 그러나 생계를 위한 돈벌이가 나를 지치게 할수록 내가 진정 누구인지, 어떻게 하면 신나고 재미있는 일을 하며 살 수 있는지 계속 고민했다.

모든 답은 오로지 긴 시간 동안 나 자신와 나눈 끊임없는 대화 속에 있었다. 12년 동안 낮엔 학생과 직장인으로, 밤엔 희망을 품고 창작 활동에 몰두하는 드림워커로 살아갔다. 이상과 현실의 괴리는 하늘과 땅처럼 멀게 느껴졌지만, 점차 그 차이를 좁혀나갔다. 꿈을 이루는 과정에서 어린 시절 겪은 미칠 것 같았던 상처들도, 맨몸으로 세상에 깨지며 얻은 체험 앞에서는 명함도 못 내밀 만한 일들이었음을 깨달았다. 당시엔 고통스러웠지만 이젠 고마운 경험이 된 지난날의 교훈을 나누고 싶어 '리치써클아카데미'를 설립했다.

지난 시간을 돌아보면 조금도 아쉽지 않다. 내 뜻대로 되던 것이 거의 없었던 현실이었지만, 덕분에 왜 살아야 하는지 분명히 알게 되었기 때문이다. 나는 어떤 절박한 상황 속에서도 '빛'을 찾아내는 '빛 탐험대', 가리워진 빛을 세상으로 드러내는 '빛

발굴단'이 되었고, '빛'이 보이지 않으면 수단과 방법을 가리지 않고 빛을 만들어내는 '빛 발전소'가 되었다.

빛을 품으면 놀라운 변화가 일어난다. 알지 못하는 사이에 조금씩 모든 것이 바뀐다. 빛을 품으면 개천의 송사리가 용이 되고, 시골 쥐가 호랑이가 되고, 종이비행기가 우주선이 된다.

이 책은 지난 14년간 세계 24개국을 다니며 30개의 직업 체험을 하며 살아온 나의 기록이자, 그곳에서 만난 사람들과의 추억을 담은 앨범이다. 나의 책은 세상이 옮아매는 현실에 안주하지 말고, 더 넓은 세상으로 꿈을 향해 과감히 도전하라고 부추기는 희망 안내문이다.

만약 신이 내 20대를 고통으로 채우신 이유가 당신이 내게서 희망을 보게 하려 한 것이라면, 나는 그 사실에 감사드린다. 왜냐하면 당신은 지금 이 글을 통해 희망을 보고 있기 때문이다.

나는 아직 기적을 믿는다. 삶에서 끊임없이 빛을 찾았던 나의 이야기를 통해 사람들의 마음이 변화하는 모습을 보는 것은 정말 아름다운 일이다.

그래서 나는 오늘도 내가 찾은 빛을 많은 사람과 함께 나누고 있다. 내가 해냈다면 당신 또한 분명히 할 수 있고 이룰 수 있다고 말하는 것이다. 나는 당신과 내 20대의 기록이 담긴 이 책의 만남이 당신의 인생을 바꾸는 근사한 선택이길 바란다. 당신은 내가 본 세상보다 더 깊고 멀리 볼 수 있을 것이다.

이 책을 마무리하며 기분 좋은 두근거림이 나를 설레게 한다.

나의 삶 또한 이제 새로운 시작이다. 별은 캄캄한 밤에만 보인다. 캄캄했던 밤하늘에 영롱히 빛나던 별처럼 반짝거리는 당신의 두근거리는 시작을 나는 진심으로 응원한다.

하늘이 안기는 집에서

김새해

1장

악몽 같은
하루가
끝나길 바라던 그때

그냥 부딪히고 견뎌야 하는 순간

나는 어릴 적부터 호기심이 왕성했다. 그래서 무엇이든 궁금하면 바로 물어보곤 했다. 부모님은 시간이 될 때 내 질문에 최선을 다해 답해주려고 노력하셨다. 나의 질문은 커서도 계속되었는데, 어느 날부터인지 부모님은 아무리 물어도 답을 하지 않으셨다.

"회사가 어떻게 된 거야?"

"집이 왜 없어진 거야? 내 방은? 내 물건은?"

"왜 한국을 떠나야 하는데?"

"나 대학교도 못 다녀?"

"언제 돌아갈 수 있는 거야?"

"우린 어디로 가는 거야?"

부모님 회사가 하루아침에 사라지고 많은 것이 변했다. 나는 가족과 헤어져 집도 없이 떠돌아다니게 되었다. 빚쟁이에 쫓겨 한국을 떠났고, 비자 때문에 인도네시아를 거쳐 뉴질랜드로 갔다.

그렇게 만난 낯선 땅에서 나의 전공이나 적성과 전혀 관계없는 일용직 노동자의 삶을 살아야 했다. 내가 어린 시절 상상하던 멋진 삶과, 당시의 반복되는 노동에 찌든 삶의 격차는 엄청났다. 그러다 보니 이렇게 살 바엔 죽는 게 낫겠다는 생각을 하기도 했다.

어느 날 아무 생각 없이 들어간 뉴질랜드 해밀턴의 도서관에서 반갑게도 한국어 책을 발견했다. 몇 시간 동안 정신없이 그토록 그리운 한국어 책들을 읽다 신영복 교수님의 책을 읽게 되었다.

신영복 교수님은《감옥으로부터의 사색》에서 20년간의 감옥 생활을 이렇게 회상한다.

"교도소에서 자살하는 사람들이 참 많아요. 보도가 안 되지만요. 제가 무기징역을 받고 추운 독방에 앉아있을 때 왜 자살하지 않나 생각하기도 했습니다. 심각하게 고민했었죠. 자살하지 않은 이유는 햇빛이었어요. 그때 있었던 방이 북서향인데 2시간쯤 햇빛이 들어와요. 가장 햇빛이 클 때가 신문지 펼쳤을 때 정도구요, 햇빛을 무릎에 올려놓고 앉아있을 때 정말 행복했어요. 내일 햇빛을 기다리고 싶어 안 죽었어요. 살아있다는 것 자체가, 비록 20년의 감옥이 삶 속에 있지만 결코 손해는 아니다. 태어나지 않은 것과 비교한다면요. 그런 생각을 했던 것 같아요."

매일 2시간쯤 들어오는 무릎 크기의 햇살은 그에게 살아야 할 충분한 이유가 되어주었다. 이 글을 읽고 내 삶을 바라보는 관점이 바뀌었다. 감옥에 갇힌 재소자들에 비교하니 나는 너무나 자유로운 사람이었다.

비록 아르바이트를 하며 부당한 일들을 많이 겪긴 했지만, 원하면 어디로든 떠날 수 있고 원하는 만큼 책을 보고 먹고 싶은 음식들을 사먹을 자유도 있었다. 그제야 내게 주어진 자유가 얼마나 대단한지 알게 되었다.

나는 더 나은 삶을 향하는 방법을 매일 연구했다. 한국에서 생각조차 못 했던 일들을 하나씩 시도했다. 이런 내 모습은 낯설었지만, 점점 대담해지는 내가 마음에 들었다. 하숙집 운영, 식당에서 양파 까기, 농장에서 블루베리 따기, 레스토랑 서빙, 옷가게 점원, 화장품 판매원, 샌드위치 가게 점원, 천원샵 점원, 시장 바람잡이, 접시 닦기, 여행 상담, 통역, 번역, 꽃집, 쇼핑몰 피팅 모델, 과외, 미술학원 강사, 스키강사까지 나쁜 일만 아니라면 시도할 수 있는 모든 일은 다 한 셈이다.

"나는 힘이 센 강자도 아니고, 그렇다고 두뇌가 뛰어난 천재도 아니다. 그저 날마다 새롭게 변했을 뿐이다. 그것이 나의 성공비결이다. Change(변화)의 g를 c로 바꾸어보자. Chance(기회)가 된다. 변화 속에는 반드시 기회가 숨어있다."

빌 게이츠의 말이다. 어려운 형편 때문에 매일 여러 가지 일을 동시에 해야 하는 파란만장한 삶을 사는 모든 사람이 곱씹어볼 만하다.

고등학교 졸업 후 나는 영화 속 주인공처럼 파란만장하게 살았다. 적응해 살아볼까 하고 눈을 떠보면 비행기에 몸이 실려 아는 사람 하나 없는 땅으로 향하고 있었으니까. 내 의지와 상관없이 이사를 15번이나 다녀야만 했다. 적응할 때가 되면 짐을 싸야만 했다. 그러나 이것 또한 소중한 내 삶의 일부였다. 그래서 나는 그냥 견뎌냈다.

여름인 나라에서 갑자기 겨울인 나라로 가도 견뎠고, 한국어가 통하기는커녕 영어도 안 통하는 나라에 가도 견뎠다. 겨우 자리 잡았는데 또 이사를 가는 바람에 다시 이력서를 돌리며 면접을 봐야 해도 견뎠다.

그리고 알게 되었다. 무수한 사람들을 만나 겪은 나의 탄탄한 인생 경험이 두꺼운 보고서로 대신할 수 없는 나만의 직감적인 본능을 일깨우는 원동력이 되었다는 걸.

나는 예민하게 발달된 감각으로 내 삶이 지향하는 목표와 꿈을 찾았고, 꿈들이 조금씩 현실이 되는 모습을 바라보며 힘든 시간을 버텼다.

변화는 쉽지 않았다. 그러나 나를 둘러싼 모든 것이 항상 변했기 때문에, 나도 함께 변해야 했다. 불평할 틈도 없었다. 시차 적응이 끝나기도 전에 신문의 구인광고란을 뒤지며 이력서를 넣고 바로 취업해 돈을 벌었다. 그렇게 매일 반복되는 변화 속에서 나는 남들에겐 잘 보이지 않는 기회를 포착하는 능력을 얻게 되었다.

예를 들면, 다른 유학생들처럼 방을 빌려 월세를 내며 살다가 돈을 아낄 기회를 찾았다. 방 한 칸이 아니라 집을 통째로 빌려 하숙생들을 모으면 내 월세를 아낄 수 있었다. 수만 명의 로컬 교사들이 있는 외국 땅에서 영어가 서툰 왕초보 학생들에게 발빠르게 접근해 맞춤형 과외를 해서 돈을 벌었다. 시간이 흐르며 자연스럽게 아카데미 카운슬러, 통역, 미술학원 원장, 보험 설계사로 활동하며 돈을 모았다.

그렇게 번 모든 돈은 나의 꿈에 투자했다. 결국 직장을 떠나 평생 꿈꾸던 화가, 칼럼니스트, 사진작가, 저자, 강연가, 사업가, 투자가로 활동할 수 있는 기반을 얻었다.

우리나라 사람들은 오랜 세월 동안 이렇게 멋진 속담으로 희망을 말했다.

“젊어서 고생은 돈 주고도 못 산다.”

“인생사 새옹지마!”

“비 온 뒤에 땅이 굳는다.”

영어에도 “Every cloud has a silver lining(모든 구름엔 은빛 테두리가 있다)”이라는 멋진 격언이 있다. 은빛 테두리는 어두운 절망 뒤 모습을 드러내는 찬란한 희망을 상징한다. 이렇게 동서고금을 막론하고 절망 뒤에 숨겨진 희망에 대한 노래는 셀 수 없이 많다.

인간은 누구나 고통을 만난다. 그들 중 누구도 왜 고통을 겪어야 하는지 설명할 수 없다. 예상치 못한 삶의 파도에 마음 둘 곳이 없던 어느 날, 나는 한 서퍼의 인터뷰를 읽었다.

“파도는 100개가 오면 100개가 모두 다르다. 1분 뒤에 오는 파도와 10분 뒤에 올 파도, 그리고 각자가 원하는 파도가 전부 다르다. 그러나 나는 바다가 선물해주는 경이로운 파도라는 선물 앞에 공포를 초월해 오늘도 도전한다.”

파도의 한복판에서 우뚝 서 세상을 바라보는 서퍼를 보라. 한 번 파도를 타는 법을 익힌 서퍼는 바다 위에서 단 한 순간도 파도 이외의 것을 생각지 않는다.

파도를 즐길 줄 아는 사람은 잔잔한 바다를 원하지 않는다.

이길 수 없는 존재의 두려움을 알면서도 바람이 불어 엄청난 파도가 닥쳐오길 기다린다.

세상 또한 파도의 물결처럼 끊임없이 변하며 당신에게 끊임없이 변화를 요구할 것이다. 당신은 가끔 파도 꼭대기에서 꼬꾸라져 인생의 쓴맛을 보게 될 수도 있다. 그러나 언제 쓰러졌냐는 듯 다시 높은 파도에 올라타 희열을 느낄 것이다.

삶의 파도는 당신을 좌절시키기 위해 온 것이 아니다. 새로운 관점을 선물해주기 위해 왔다.

오늘도 잘 참았어, 정말 대단하다

대부분의 사람은 '대학→취업'이라는 수순을 밟고, 중간에 유학을 가는 경우도 있다. 하지만 나는 '취업→대학+취업→여행→대학→해외취업→대학→해외취업→대학졸업→유학+해외취업'이라는 변화무쌍한 삶을 살았다. 애써 겨우 적응했다 싶으면 사는 지역 정도가 아니라 거주 국가가 바뀌는 삶은 10년 넘게 이어졌다.

젊은 날에 편안하게 쉰 기억은 손에 꼽는다. 부모님을 도와 수능시험을 마치자마자 사회생활을 시작했다. 대학에 입학하고 나선 수업을 월화수 3일에 빽빽하게 몰아넣고 남은 4일은 전국 각지를 다니며 일했다. 일주일이 월화수목금금금인 셈이었다.

재래시장, 백화점, 아울렛, 노점상, 홈쇼핑까지 부모님이 정해 준 장소에 가서 일을 했다. 한창 바쁠 때는 평일, 주말 구분 없이 일했고 쉬는 날은 딱히 없었다. 누군가 설날과 추석에 쉬면 그 자리를 내가 메웠다. 대학 강의실엔 거의 눈도장만 찍는 수준이었고, 대부분 백화점이나 쇼핑몰, 시장 노점상에 있는 매장에서 일하러 전국을 누볐다.

그래서 항상 머리만 붙이면 어디서든 곯아떨어질 정도로 고단했고 오해도 많이 받았다. 나는 잘 곳이 없어 찜질방, 고시원, 친구 집, 친척 집이면 감지덕지하고, 봉고차·승용차·택시·심야버스 좌석이 익숙했으며, 1.5톤 트럭 보조석 뒤 좁은 공간에서도 틈만 나면 잠에 빠졌다. 숙제한다고 일요일 자정이 넘어 대학 도서관에 도착하면 도무지 눈이 떠지질 않아 앉아서 잤고, 전철 손잡이를 잡고 서서 잠들었다가 다리가 꺾이는 바람에 눈을 뜬 적도 여러 번이다.

대학을 다녀도 학생보다는 직장인에 가까웠는데, 휴학을 하고 아예 일에 전념했을 땐 내가 과연 사람인지 일하는 기계인지 모를 정도였다. 이렇게 혹독하게 4년간 일하면서 단 한 번도 돈을 받아본 적이 없었다. 돈을 안 주냐고 물어보니 학비와 용돈, 생활비로 다 줬다는 답을 받았다. 뭔가 억울했지만 그런가보다 했다.

일해야 하는 매장이 많아 여러 지역을 다니다 보니 재미있는 점이 있었다.

고객들이 지역마다 참 다른 느낌이었다. 예를 들면 서울 강남 지역 백화점 고객과 타 지역 재래시장 고객들은 말투나 관심사가 완전히 달랐다. 어떻게 고객을 응대해야 할지 고민하던 중, 맥도널드 햄버거에 대한 이야기를 듣게 되었다. 세계적인 햄버거 체인망을 가지고 있는 맥도널드는 아시아의 전 매장에 대해 카운터 높이를 72센티미터로 통일하도록 매뉴얼로 정했다. 동양인의 평균 체형을 근거로 고객이 돈을 꺼내놓기 가장 알맞은 높이를 책정한 것이다. 햄버거 두께는 17밀리리터인데, 이건 입에 넣었을 때 가장 맛있다고 느낄 수 있는 두께를 과학적으로 산출해내서 동양인의 입 사이즈에 맞게 햄버거의 두께까지 조정한 것이다.

나는 고객에게 철저히 맞춘 맥도널드 햄버거에서 아이디어를 얻어, 전국 각지에서 만나는 고객에게 나를 맞추었다. 예를 들어 강남의 유명 백화점에 가면 영어와 한국어를 사용하는 교포들을 고객으로 만나는데, 나도 그들처럼 영어와 한국어를 섞어서 제품을 설명했다. 지방 매장에서 오랜 농사로 허리가 구부정해지신 어르신 고객을 만나면 의자에 앉도록 도와드리고 몸을 구부려 낮은 자세로 손님과 눈높이를 맞추며 대화했다. 대구,

울산, 부산 등 지방색이 묻어나는 사투리를 사용하는 곳에서는 간단한 지방 사투리를 익혀 친근하게 대화하곤 했다.

결과는 대성공이었다. 내가 지원 나가는 매장은 평소보다 30~50퍼센트가량 높은 매출을 기록했다. 고객에게 나를 맞추니 판매도 쉬워지고, 고객 또한 금세 내게 마음을 열게 된 것이다. 이런 방법으로 나는 어느 지역을 가서 누구를 만나도 잘 어울렸고, 무엇이든 잘 먹고, 아무 데서나 잘 자는 사람이 되었다.

늘 좋은 기억만 있었던 건 아니다. 저녁 9~10시쯤 되면 가끔 술에 취한 고객이 비틀거리며 매장으로 들어와 애인에게 줄 선물을 사가기도 했다. 비몽사몽인 고객은 응대가 쉽지 않다. 너무 취해 제정신이 아니기 때문이다. 이런 날은 한 시간이 넘는 술주정을 들으며 겨우 제품을 판매한다. 그리고 고객을 겨우 달래 보내고 평소보다 늦게 가게 문을 닫고 나면 기운이 하나도 없다.

그런데 문제는 다음날이다. 이런 고객 열 명 중 한두 명은 다음날 환불이나 교환을 요청한다. 제품을 그대로 가지고 왔을 땐 문제가 되지 않았지만, 포장을 다 뜯고 심지어 사용한 흔적이 있는데도 새 제품으로 교환해달라고 하는 경우도 있었다. 이런 경우 결국 고객과 실랑이를 벌이게 된다. 그러나 고객과의 갈등은 누가 옳든 분명 매장의 손해다. 어떤 이유에서든 고객을 대상으로 언성이 높아지면 그 모습을 보는 다른 손님들에게 부정적인 이미지를 줄 수 있다.

그래서 나는 사용한 제품을 바꿔달라고 하는 고객의 무리한 요구에도 긍정적으로 말하며 마음을 풀어주기 위해 최선을 다했다.

"네, 고객님. 원하시는 제품으로 바꿔드리겠습니다."

이런 태도는 그들을 감동시켰다. 화난 목소리로 강하게 환불을 요구하던 몇몇 고객은 미안해하며 명절 때 단체주문을 해주시기도 했다.

그래도 가끔 정말 고약한 고객을 만날 때가 있다. 그럴 때면 나는 테레사 수녀님의 일화를 떠올렸다. 테레사 수녀님은 인도에서 고아들을 위해 봉사 활동을 하면서 수시로 모금을 다녔다.

그날도 시내 곳곳을 돌아다니며 모금활동을 벌였다. 테레사 수녀님은 한 술집으로 들어가 이렇게 말했다.

"아이들이 굶주리고 있습니다. 조금만 도와주세요."

술집에 어울리지 않는 수녀님이 나타나자 손님들이 힐끔거리며 그녀를 쳐다보았다. 갑자기 취객 중 한 명이 테레사 수녀님을 조롱하며 맥주를 끼얹었다. 놀란 사람들이 바라보자 테레사 수녀님은 자신에게 맥주를 끼얹은 취객에게 이렇게 말했다.

"저에게 맥주를 선물하셨군요. 굶주리는 불쌍한 아이들을 위해서는 무엇을 선물하시겠습니까?"

테레사 수녀님이 조용히 미소를 지으며 그를 바라보았다. 순간 술집 안은 찬물을 끼얹은 듯 조용해졌다. 잠시 후 그곳에 있던 손님 한 사람이 다가와 모금함에 돈을 넣자, 뒤이어 다른 손님들도 하나둘씩 자리에서 일어나 기부를 했다.

수녀님의 말에 정신이 번쩍 든 취객은 자신도 기부하려고 지갑에서 돈을 꺼내려다 자기 명함을 바닥에 떨어뜨렸다. 테레사 수녀님은 그의 명함을 집어 들고 친절하게 말했다.

"고맙습니다. 아이들이 선생님의 이름을 기억할 겁니다."

테레사 수녀님을 생각하면 넓은 하늘이 떠오른다. 힘들고 어려운 이들이 고개를 들고 희망을 찾게 되는 넓은 하늘이다.

매장에서 많은 고객을 만나다 보면 겉으로는 웃어도 속으로는 울고 싶거나 화가 치밀 때도 있다. 나는 분노나 갈등이 생겼을 때 우선 나 자신을 격려했다.

'오늘도 잘 참았어. 잘 견뎠어. 정말 대단하다.'

문제의 원인이 무엇이든 상황을 바꾸려면 먼저 자신의 기분을 조절해야 한다. 나는 단 몇 분이라도 그 자리를 떠나 혼자만의 시간을 가졌다. 너무 속상하면 화장실에서 몰래 울기도 했다. 그렇게 잠시 현장을 벗어나면 마음을 정리하는 것이 한결

수월했다. 응원이 필요한 날엔 휴대폰으로 "잘했어"라고 스스로를 격려하는 문자메시지를 보내기도 했다. 이런 경험을 통해 힘든 시간 빨리 일어서는 습관을 들이면, 다음에는 더 빨리 재기할 수 있게 된다는 것을 알았다.

인생의 거친 폭풍은 누구에게나 찾아온다. 바람이 불면 부는 대로 휘청이는 날도 있을 것이다. 그러나 다 괜찮다고 말하고 싶다. 시간이 흐르면 어느새 폭풍 속에서 바람을 타고 날아오르는 자신을 발견할 것이기 때문이다.

아무도 하지 않는 일만 도맡은 이유

평생 동안 하는 고생의 총량은 사람마다 모두 같다는 말이 있다. 이 말대로라면 젊어서 산전수전을 겪은 사람은 노후가 편안할 가능성이 높아질 수 있다는 뜻이다.

젊어서 많은 고생을 겪으면 노후가 편안할 가능성이 높다. 그렇다면 지금 어려움, 좌절, 절망을 겪고 있는 20대에게는 앞으로 더 밝은 미래가 기다린다고 생각할 수도 있지 않을까? 고난의 시간은 결국 원하는 꿈을 향해 가는 준비 기간이다.

당신이 부하직원을 뽑기 위해 면접관으로서 질문한다고 가정해보자.

"입사 전 어떤 일을 했고 무엇을 배웠습니까?"

한 입사지원자가 이렇게 대답했다.

"학원과 과외를 병행해 좋은 대학에 들어갔고, 부모님께서 어학연수를 보내주셔서 6개월간 외국에 다녀왔습니다."

다른 지원자는 이렇게 대답했다.

"저는 전국 재래시장을 돌며 일해서 모은 돈으로 전 세계 20개국을 다니며 다양한 경험을 했습니다. 귀국 후엔 호텔 레스토랑에서 근무하며 수많은 VIP 고객을 응대하는 법, 까다로운 고객을 만족시키는 법을 배웠습니다. 또한 현장에서 단골고객들을 관리하는 마케팅과 신규고객들을 끌어들이는 홍보방법 등 다양한 노하우와 서비스 업종의 실무를 익혔습니다."

당신은 누굴 뽑겠는가? 인재가 누구라고 생각하는가? 물론 어느 업무를 하느냐에 따라 답은 달라질 수 있다. 그렇다면 누가 힘들고 어려운 사회생활을 잘 견뎌낼 내공을 가지고 있을까? 이 경우엔 당연히 후자다.

부모가 시켜준 경험이 나쁘다는 게 아니다. 하지만 사람은 보고 듣고 경험한 것이 전부다. 주어지는 경험만으로 살아가기엔 세상은 너무 넓다. 여러 나라에서 성공한 다양한 사람들을 본 결과, 가능하면 스스로 돈을 벌어 해외로 떠나기를 추천한다. 어렵게 경비를 마련한 사람과 쉽게 마련한 사람들은 태도에서

부터 확연한 차이가 나기 때문이다.

자기 의지로 행동하는 사람은 더 많은 것을 능동적으로 흡수한다. 그동안 흘려온 땀과 눈물이 아까워서라도 함부로 시간을 보내지 못한다. 해외에 나가면 어학뿐 아니라 사람과 문화까지 모든 것을 경험하려 한다. 그래서 나는 아무런 경제적 지원을 받지 못하고 맨몸으로 세상과 만난 것을 진심으로 감사하게 생각한다. 부모님의 사업이 승승장구해서 내가 아무런 어려움도 겪지 않고 회사 후계자로 자라났다면 어땠을까? 그 사업을 키우기는 고사하고, 지켜낼 수는 있었을까? 어떤 식이든 지금의 내 모습과 전혀 다른 사람이 되었을 것이다.

나는 처음 해외에서 일을 시작할 때 모두가 힘들어서 하지 않는 일만 찾아다녔다. 일자리가 생기면 1순위로 시민권자들이나 영주권자들에게 먼저 기회가 갔고, 2순위로 워킹 비자나 워킹 홀리데이 비자를 가진 사람들에게 기회가 갔다. 그들이 모두 못하겠다며 버린 일들만 나처럼 정식 비자가 준비되지 않은 이들에게 주어졌다. 근로계약서는 당연히 없었고, 급여는 최저임금보다 적었다. 수습기간이라며 임금을 주지 않거나, 매일 근무시간을 바꿔 하루 종일 대기 상태로 만들거나, 아무도 일하지 않을 연말이나 바쁜 시즌에만 부려먹다 해고하는 일은 부지기수였다. 그러나 아무런 항의도 할 수 없었다. 나는 법적 사각지대에 속한, 노동 비자 없는 외국인 노동자였기 때문이다.

일을 하면서 노동자들을 착취하며 자기 배를 불리는 악덕 사장, 상식이라곤 찾아볼 수 없는 바보 사장, 정직하게 돈 벌겠다고 취직한 아르바이트 학생을 호스티스로 착각하는 변태 사장 등 별 이상한 사람들을 다 만났다. 일이 고되어 몸이 힘든 건 그럭저럭 참을 수 있었지만, 정신적으로 어려울 때는 견딜 수 없이 힘들었다.

그러나 살아남아야 한다는 생각으로 이겨냈다. 힘든 경험들은 성장을 위한 발판이 되었다. 일을 하며 나름의 생존 지혜도 생겨났다. 생각지도 못하게 갑자기 해고당할 때도 있었지만, 충격받아 멍하니 주저앉기보단 구인광고란을 뒤져 다시 처음부터 일을 구하는 끈기가 생겼다.

할 수 있는 일은 미루거나 포기하지 않으려 노력했다. 일이 익숙지 않아 실수를 반복했고, 그로 인해 싫은 소리를 듣고 자존감이 떨어져 내가 잘하고 있다는 생각이 들지 않을 때도 많았다. 냉정한 자기반성과 겸손의 지혜를 배워가며 나는 수없이 쓰러지고 넘어졌다. 그런 가운데 이전에 몰랐던 나를 발견하게 되었다. 내가 무엇을 할 수 있고, 무엇을 할 수 없는지 정확히 파악하게 된 것이다. 그래서 약점은 보완하고 강점을 극대화할 커리어를 꿈꾸며, 여러 번의 시도를 거쳐 점차 나를 완성해갔다.

남들이 보기에 나는 보잘것없는 일을 하는 외국인 일용직 노동자에 불과했지만, 내가 생각하는 나는 내 삶의 주인공이었다. 그래서 다른 시선을 의식할 필요 없이 나만의 드라마를 만드는 데 집중했다.

"제가 애플에서 해고당하지 않았다면 결코 지금과 같은 성공을 이루지 못했을 겁니다. 때로는 인생이 여러분의 뒤통수를 내려치더라도 결코 믿음을 잃지 마십시오."

스티브 잡스가 스탠포드대학 졸업식에서 했던 말이다.

할 수 있는 게 이것밖에 없어 죽지 못해 한다는 마음으로 일을 하면 인생이 비참해지겠지만, 더 큰 성공을 위해 내가 선택한 인생수업이라 여긴다면 아무리 힘들어도 이겨낼 수 있다.

우리는 여러 가지 고통을 겪는다. 인간관계에서 오는 갈등, 성적에 대한 압박, 취업에 관한 걱정, 건강 악화 등 다양하다. 그리고 고통으로 인해 쉽게 희망을 잃어버리고 만다. 하지만 이제 다른 시각에서 바라봐야 한다. 고통이 심해질수록 더욱 간절히 희망의 끈을 놓지 말아야 한다.

"잔잔한 바다에서는 좋은 뱃사공이 만들어지지 않는다.(A smooth sea never made a skilled mariner.)"

이런 영국 속담처럼, 희망으로 고통을 바라보면 고통은 어느새 나의 성장을 향한 튼튼한 발판으로 변한다. 격투기 선수들은 공격하는 연습만 하지 않는다. 상대의 공격을 방어하며 맞더라도 잘 맞는 연습까지 한다. 그런다고 모든 공격을 피할 수 있게 되는 건 아니다. 그러나 그들은 묵묵히 또 일어난다. 맞아서 다치고 아픈 것마저 연습이기 때문이다.

나는 어딜 가든 일이 서툴렀다. 맡은 일이 대부분 처음 해보는 노동이었기 때문이다. 그래서 자주 욕을 먹었는데, 이때 피하지 않고 빠르게 일을 배우려고 안간힘을 썼다. 지나고 보니 이런 모든 경험은 결국 나를 인생이라는 링 위의 챔피언으로 만들기 위한 맷집 기르기의 과정이었다.

살면서 다가오는 온갖 문제를 기꺼이 해결하며 묵묵히 갈 길을 걸어가면 뚝심이 생긴다. 뚝심은 가공할 파괴력을 가진 무기다. 뚝심은 내 마음에 희망을 심어 흔들리지 않는 중심을 잡아주기 때문이다. 그래서 당신의 삶엔 희망이 있다.

여기저기서 살기 힘들다고 아우성칠 때, 하루하루 겨우 산다고 말하는 사람들이 늘어날 때, 정신을 무장하고 세상과 진검승부를 펼쳐라. 어느새 삶이 놀랍도록 변해있음을 깨닫게 된다. 이렇게 살아간다면 오늘의 당신은 비록 초라해 보일지 몰라도, 내일의 당신은 결코 초라할 수 없을 것이다. 이 세상에 당신을 이길 시련은 없다.

달라진 내 모습을 뚜렷하게 상상했다

예전에 알고 지낸 S는 잘나가는 부모님 덕에 부유한 유학생활을 누리던 학생이었다. 사람들은 집세와 생활비 걱정 없는 그를 부러워했다. 그는 자기 명의의 깨끗한 콘도에 살며 다달이 거액의 생활비와 학비를 송금받았다.

캐나다 토론토는 추위로 악명 높다. 거기다 바람까지 불면 체감온도가 무려 영하 40도 이하로 떨어질 때도 있다. 아무리 무장을 하고 나가도 불어오는 차가운 바람에 몸을 가누기가 어렵다. 하지만 그렇게 추운 날에도 나는 아르바이트를 쉴 수 없었다. 집을 나서야 할 시간이면 굳게 마음을 먹고, 양말을 두 켤레씩 신고, 방수와 방한이 되는 어그부츠를 신고, 옷을 여러 겹을 껴입은 채 버스를 기다렸다. 그러다 눈이라도 오면 마치 내가 눈사람처럼 보였다.

그러던 어느 날 우연히 만난 S가 물었다.

"왜 그렇게 옷을 많이 껴입고 다니는 거야?"

나는 그가 왜 이런 질문을 하는지 의아했다. 추우니까. 그런데 당연한 걸 왜 물어보나 생각하니, 그에겐 내가 이상하게 보일 수밖에 없었다.

그는 이렇게 추운 날 밖에 나갈 필요가 없다. 나가더라도 버스를 탈 일이 없다. 그렇게 해서라도 가서 해야 하는 일이 없다.

S는 언제나 자기 소유의 번쩍거리는 고급차를 몰고, 난방이 되는 지하주차장으로만 다녔기 때문에 적당한 겉옷에 파카 하나면 충분했다. 눈이 무척이나 많이 내리던 시기에도 집과 헬스장이나 쇼핑몰만 오고 가니 밖에 나가 눈을 밟을 필요가 없었다.

S의 삶은 나와는 너무도 달랐다. 그와 나를 비교하면 내가 너무 초라하게 느껴졌다. 부럽다고도 생각했다.

그러던 어느 날 이런 글을 보았다.

"나무에 앉은 새는 나뭇가지가 부러지는 것을 두려워하지 않는다. 그건 나뭇가지를 믿어서가 아니라 자신의 날개를 믿기 때문이다. 항상 당신 자신을 믿어라.(A bird sitting on a tree is never afraid of the branch breaking, because her trust is not on the branch but on its own wings. Always believe in yourself.)"

이 글을 보고 나는 더 이상 S를 부러워하지 않기로 했다. 그리고 나 자신을 믿고 새처럼 스스로 날기로 굳게 결심했다. 비록 남들 눈엔 초라한 노동자의 삶이었지만 내 삶을 있는 그대로 끌어안기로 결심했다.

그로부터 한참 뒤 우연히 S의 소식을 들었다. 그는 30대 후반이 되었지만 여전히 부모님께 생활비를 받아 쓰고 있으며, 변변한 직장도 구하지 않고 예전과 똑같이 살아간다고 했다.

물론 화려한 유학생활을 하는 유학생 모두가 그런 것은 아니다. 다만 뉴질랜드, 캐나다, 미국, 영국에서 접한 부유한 부모님 덕을 보는 유학생들은 국적을 막론하고 대부분 심각했다. 아무리 비싼 차를 굴리고 명품으로 자신을 치장해도 초점 없는 눈동자를 감출 순 없었다.

내가 현지인들과 함께 여행을 다니고, 각종 워크숍에 참여하며 여러 가지를 익히는 동안 그들은 카페에 모여 새로 산 가방이나 옷을 자랑하기 바빴다. 자기가 노력해서 얻은 경험담을 말하기보다는, 부모가 보내준 돈을 얼마나 썼는지를 무용담처럼 떠들었다. 그들은 해외에 있어도 교민들이 운영하는 작은 업소 몇 곳에만 모여 하루 종일 시간을 보낼 뿐이었다.

물론 그들도 노력한다. 다달이 송금받는 부모 돈을 조금이라도 더 받기 위한 핑계를 만들기 위해 애쓴다. 또한 남들에게 근사하게 보이기 위해 식이조절도 하고 퍼스널 트레이너를 고용해 열심히 몸도 가꾼다. 그렇게 키운 근력은 모두 쇼핑몰에서 사들인 신상품을 드는 데 사용한다. 가끔 부모 등쌀에 학교도 다니고 일도 해보지만, 모두 쉽게 포기한다. "내가 이런 일이나 할 사람이야?"라는 생각 때문이다. 그래서 어떤 직업을 가져도 쉽게 적응하지 못했다.

그들은 본국의 예능 프로그램이나 드라마는 빠짐없이 보며, 심심하면 가라오케에서 술을 마시고 놀면서 인생을 허비했다. 심지어 약물이나 술, 성관계에 집착하는 경우도 있었다. 나는 처음엔 돈 걱정 없이 마음껏 삶을 누리는 그들이 부럽다고 생각했지만, 시간이 지날수록 딱하다는 생각이 들었다. 부모의 돈은 내 돈이 아니라는 단순한 사실을 애써 외면하며 사는 그들의 모습은 위태로워 보였다. '배부르고 등 따신 삶'이 독이 될 수 있다는 것을 삶의 큰 선물로 여긴다.

나의 젊음은 고생으로 점철되었다. 그러나 이제 나는 가난해서 다양한 경험을 하게 된 것을 삶의 큰 선물로 여긴다. 안 그랬다면 나 또한 부모님이 달아준 날개를 내 것인 양 착각한 채 살았을지도 모른다. 그러나 빌린 날개로는 하늘을 날 수 없다.

나는 20대 초반에 '속이 문드러진다'는 표현이 무엇인지 온몸으로 경험했다. 집이 망하고 여러 나라를 떠돌며 환경 탓, 경제 탓, 언어 탓, 시대 탓을 하며 한순간에 모든 것을 다 빼앗긴 것처럼 느끼기도 했다.

그러나 다 빼앗겨도 희망만큼은 절대 빼앗길 순 없다는 생각이었다. 나는 출퇴근을 하는 전철 안에서 더욱 더 강하게 변화된 나의 모습을 떠올렸다. 일하다 스트레스를 받으면 이렇게 생각했다.

'어차피 부모 잘 만나 호강하는 사람은 극소수야. 나는 엄청난 부자라고! 매일 꿈꾸는 사치를 마음껏 누리는 엄청난 꿈 부자! 두고 봐라. 내 꿈은 다 이루어진다!'

이렇게 생각하면 금세 기분이 좋아졌다. 이렇게 매일 꿈을 꾸니 절망 속에서 희망이 싹을 틔웠다. 희망의 향기가 가득한 꽃이 피었고, 머지않아 아름다운 열매들이 가득 내 삶을 메웠다.

이 세상 어디를 가든 나는 시각화 자료로 방을 도배했다. 시각화 자료를 만드는 법은 단순하다. 온 사방에 좋은 문구나 내가 되고 싶은 모습, 사고 싶거나 가지고 싶은 것을 붙여두는 것이다. 아무리 힘든 일을 해도 작은 내 방에 돌아오면 행복했다.

꿈을 꾸는 순간만큼은 이 세상 누구도 부럽지 않았다. 고시원 속 내 방은 나만의 작은 천국이 되었다.

당신도 시각화 자료를 만들어보라. 희망이 없다고 말하던 사람이 시각화 자료를 벽에 붙이기 시작하면 멍한 눈빛에 초점이 살아난다. 숯덩어리처럼 검게 그을린 마음이 활활 타오르는 불덩어리처럼 뜨거워진다. 흙덩어리처럼 밟히고 채이던 내가 불덩어리 같은 열정에 구워져 진귀한 도자기가 된다. 시각화 자료를 보며 매일 아침저녁으로 나의 변화된 모습을 뚜렷하게 상상해보라. 상상력은 신이 인간에게 준 놀라운 기적이다.

곧고 훤칠하게 자란 나무는 잘려져 건축자재로 쓰이고, 온갖 풍파를 겪으며 뒤틀린 나무는 아름답게 자라 정원에 심어진다. 사람들은 극한의 조건 속에서 생존의 의지를 드러낸 뒤틀린 나무를 보며 깊은 감동을 느낀다. 인생에는 항상 이런 반전의 묘미가 있다.

모든 사람에게 꿈이 있지만, 평범한 사람은 포기를 선택한다. 멀리 가고자 한다면 꿈을 지켜내라. 힘든 시기가 다가와도 결코 도망치거나 주저앉지 마라. 아무것도 없는 자신의 등에 희망의 날개가 돋아나는 모습을 상상하라. 매일 힘들어도 희망을 지키는 길을 선택해야 한다.

모든 인생은 다 가시밭이며 자갈밭이다. 그 길을 맨발로 가는 사람이 있는가 하면 희망의 날개를 달고 날아가는 사람이 있다.

당신은 지금 어떤 인생을 꿈꾸는가. 부디 자신에게 주어진 희망을 놓지 말라. 삶은 꿈꾸는 이에게 날개를 달아주기 때문이다.

실패는 넘어진 채로 머물러 있는 것

2002년은 대한민국 국민들에겐 한 편의 잊을 수 없는 축제가 벌어진 해였다. 그해에 온 국민은 월드컵 4강 진출이라는 한국 축구 국가대표팀의 영화 같은 결과에 열광했다.

그리고 나에게도 다른 의미로 영화 같은 삶이 펼쳐졌다. IMF로 휘청이던 집안 사정이 더욱 어려워져 가족 모두 인도네시아로 가게 된 것이다.

넓고 깨끗한 방에서 생활하던 가족들은 인도네시아 골목의 어두운 작은 방 한 칸에서 끔찍한 하루하루를 견뎌야 했다. 현지 말을 전혀 모르니, 택시를 타도 길을 한참 동안 돌아가서 눈앞에서 바가지를 씌우는 택시기사에게 말 한마디 할 수 없었다.

설상가상으로 가족 모두가 열병에 걸렸다. 건강해도 견디기 어려울 힘든 시기에 무려 한 달을 끙끙 앓았다. 지독한 고열에 매일 식은땀을 흘리고 뭘 먹어도 소화를 시킬 수 없었다.

'난 지금 지독한 악몽을 꾸는 중이야. 눈을 뜨면 한국일 거야.'

꿈속에서 나는 한국으로 돌아가 그리운 친구들을 만났다. 하지만 밤새 흘린 땀으로 범벅인 채 깨어나, 비몽사몽으로 세면대 수도꼭지를 돌리면 시커먼 흙물이 세면대를 가득 메웠다.

'여긴…… 한국이 아니구나.'

순간 눈물이 앞을 가렸다. 가족들이 모두 잠든 늦은 밤, 나는 화장실에서 물을 틀어놓고 소리죽여 울었다. 또다시 악몽 같은 하루가 시작된 것이다. 유일하게 기다리는 시간은 하루에 한 번 공중전화를 쓰기 위해 외출하는 시간이었다. 부모님이 공중전화 부스에서 누군가와 통화하는 동안 나는 밖에 서서 기다리곤 했다.

그렇게 며칠이 지나자 부모님의 얼굴에 짙은 그림자가 드리워졌다. 그리고 더 이상 외출을 하지 않고 계속 누워 아프기만 했다. 이젠 더 이상 돈을 빌려 달라고 전화 걸 곳이 없다는 것을 알게 되었다. 돈 들어올 곳은 없고, 몸은 아프니 가족들 모두 점차 예민해지고 사소한 일에도 자주 다퉜다. 예전 같으면 대수롭지 않았을 한마디도 서로에게 시퍼런 멍을 남겼다.

나는 몸이 회복되자마자 뉴질랜드로 떠났고, 점차 활발한 모습을 되찾아갔다. 몸과 마음이 모두 아팠던 인도네시아를 떠나며 뉴질랜드를 내 새로운 보금자리로 만들 거라고 다짐했기 때문이다. 그렇게 생각하니 길이 있어 내가 가는 것이 아니라, 내가 길을 만드는 것으로 변화가 일어났다. 생각이 바뀌니 행동과 성격이 바뀌면서 삶도 변했다. 물론 생활비를 벌기 위해 새벽부터 밤까지, 하루에도 식당, 옷가게, 영어 과외, 미술 과외까지 하는 고된 삶을 보냈지만 항상 미소를 잃지 않았다.

당시엔 관광 비자로 입국해 일하는 신세였다. 그러나 워킹 비자가 있거나 영주권, 시민권을 가진 사람들과 나를 비교하지 않으려고 애를 썼다. 비록 노동일을 주로 하지만 평생 그럴 계획은 아니었고, 돈이 없거나 환경이 좋지 않다고 꿈을 미루는 것도 나답지 않다고 생각했다. 그래서 항상 책을 읽고 그림을 그리며 나답게 살려고 부단히 노력했다. 실패는 넘어지는 것에 있는 것이 아니라 넘어진 채로 머물러 있는 것을 알게 된 후론 넘어져도 훌훌 털고 바로 일어났다.

당신의 오늘이 마음에 들지 않은가? 오늘의 내 모습을 신의 눈으로 한번 바라본다고 상상해보자. 말쑥하게 불평할 일 없이 자란 이들에 비해, 갈 길이 보이지 않는데도 용감하게 달려가는 이들은 얼마나 도와주고 싶은가.

다시 일어나 또 나아갈 힘은, 오늘의 고난이 내가 딛고 갈 징검다리가 될 것이라는 확신에 있다. 그러니 길을 잃었다면 곧 눈이 부셔 쳐다볼 수도 없는 아름다운 세상을 발견할 것이라 여겨라.

척박한 환경 속에서 몸을 뒤틀며 빛을 향해 나아가고 있는 사람은 자신의 인생 2막을 기대해야 한다. “큰 그릇은 더디게 만들어진다”는 말처럼 큰일을 할 인재는 비교적 늦게 성취하기 때문이다.

꿈은 이루어지기까지 반드시 일정한 시간과 노력을 필요로 한다. 당신이 꾸는 꿈이 작은 꿈이라면 상대적으로 짧은 시간을, 큰 꿈이라면 비교적 긴 시간을 기다려야 한다.

그러니 일찍 꽃을 피우지 못했다며 속상해하지 마라. 일찍 피어 시드는 꽃보다 다소 더디게 피더라도 오래 피는 꽃이 되라.

꿈의 씨앗은 심어두면 반드시 열매를 거두게 된다. 당신의 삶에서 꿈의 씨앗이 뿌리를 내리고, 그것이 싹을 내 점점 자라나 꽃을 피우고 열매를 거두는 것을 상상하라. 희망을 가져라. 희망이 있는 곳에 반드시 기적이 따른다.

욕 먹어도 하고 싶은 걸 하는 삶

아버지는 젊은 시절 형제의 사별을 경험하셨고, 자연스럽게 철학에 심취하셨다. 그 영향으로 나는 유치원 때 《장자(莊子)》〈소요유(消遙遊)〉 편의 물고기 '곤'이 변해 큰 새 '붕'이 된 이야기를 들으며 자랐다. 아버지 나름대로 내 눈높이에 맞춰 동양철학을 설명해주신 것이다.

초등학교 때는 '아톰'으로 유명한 만화가 데즈카 오사무가 그린 불교 만화 《붓다》 10권을 선물받았다. 어린 나는 《붓다》 전집을 너무도 사랑해 페이지가 낡아 다 떨어져 나갈 때까지 보고 또 보곤 했다. 어머니의 영향으로 매주 성당을 다니며 성서 공부도 열심히 했다. 중학교 땐 아버지께서 해인사 청소년 캠프를 신청해주셔서 해인사에서 방학을 보내기도 했다. TV에서만 보던 죽도로 어깻죽지를 맞아가며 명상에 잠기고, 108배를 하고, 법명까지 받았다. 고등학교 땐《사부님 사부님》이라는 가톨릭 수도원 이야기가 담긴 만화책 시리즈를 선물해주셨고, 장애인 복지관 봉사활동에 데려가기도 하셨다.

이런 과정을 통해 자연스럽게 깨달음에 대한 갈망을 가지게 되었다.

20대부터는 시대의 현자들을 찾아 틱낫한 스님, 소화데레사, 테레사 수녀님, 달라이 라마와 헬렌 니어링, 레오 버스카글리아, 안셀름 그륀의 저서를 읽고 그분들의 가르침에 많은 영향을 받았다. 요즘도 마음을 다스리는 데 도움을 주는 다양한 책과 강의를 접하고 있다.

최근엔 법륜스님의 즉문즉설을 보았다.

한 청년이 다른 사람들에게 착한 척 좀 하지 말라며 손가락질을 받아 힘들다는 고민을 토로했다. 그러자 스님께서 청년에게 이렇게 되물으셨다.

"손가락질받는다고 착한 일 안 할 건가요?"

"착한 일은 계속하고 싶은데, 욕은 먹기 싫어요."

스님께선 웃으며 대답하셨다.

"욕먹는 게 그렇게 억울합니까? 차라리 착한 일 하고 욕먹으세요."

스님의 능청스러운 말에 모두가 웃어버렸다.

이 세상에서 욕 안 먹고 사는 사람이 과연 누가 있을까? 사람들은 좋은 일을 하기 전에 너무 많이 생각하고 따진다.

하지만 더 이상 그럴 필요가 없다. 양자택일의 길에서 '뭘 해도 욕은 먹는다'는 전제하에 더 좋은 것을 택하는 것이다.

못살아도 욕먹고 잘살아도 욕먹는다면 잘사는 편이 낫고, 살이 빠져도 욕먹고 살이 쪄도 욕먹는다면 살이 빠지는 편이 낫다. 착하게 살아도 욕먹고 나쁘게 살아도 욕먹는다면 당연히 착하게 살아야 한다. 책을 안 써도 욕먹고 써도 욕먹는다면 책 쓰고 욕을 먹는 편이 낫고, 그림을 그려도 욕먹고 그림을 안 그려도 욕먹는다면 그림 그리고 욕을 먹는 편이 낫다. 유튜브나 인스타를 해도 욕먹고 안 해도 욕먹는다면 하고 욕먹는 편이 낫다.

꿈을 이뤄도 욕먹고 꿈을 이루지 못해도 욕먹는다면 꿈을 이루고 욕먹으며 사는 것이다.

박종인 기자는 저서 《한국의 고집쟁이들》에서 그가 만난 세상에 하나밖에 없는 구두를 제작하는 남궁정부 할아버지 이야기를 소개했다. 남궁할아버지는 수제화가 인기를 끌던 70, 80년대에 웃돈을 받아가며 일했던 구두 장인이다. 그런데 1990년대 들어 수제화의 시대가 가버렸고, 구두장이들은 생계를 걱정할 정도로 곤궁해졌다.

1995년 그는 신도림역에서 지하철을 타려다 인파에 몰려 선로로 떨어졌다. 깨어나 보니 병원이었고, 오른팔이 너덜너덜하게 찢겨 어깨에 겨우 붙어있었다. 평생 구두장이로 살았던 사내가 팔을 잃은 것이다.

왼손으로 젓가락질을 연습하다 쉰여섯 먹은 사내가 밥상을 발로 차며 펑펑 울기도 했다. 그래도 멈추지 않았다. 입원하고 3일째 되던 날 아침, "살아야겠다"는 말을 속에서 수백 번 외치고 그는 일어났다. 열흘 만에 남은 오른팔을 잘라내고 퇴원했다. 오른팔이 없는 게 아니라 오른팔만 없다고 생각했다. 그는 의료보조기 매장에 의수를 만들러 갔다가, 장애인 신발을 한번 만들어보라는 사장의 말에 인생 2막을 시작했다.

처남 집 차고에 '세창 정형제화 연구소'라고 간판을 걸어놓고 기다렸지만 손님은 없었다. 하나뿐인 직원이 말려도 날카로운 재단용 칼을 왼손으로 들고 가죽을 자르다 허벅지를 찔러 피바다가 된 적도 있었다. 그러나 그는 크게 생각하고, 크게 말하고, 크게 살기 위해 애를 썼다.

부단한 노력으로 밥도 잘 먹고 가죽 재단용 칼도 자유자재로 휘두르게 되었다. 발이 기형적으로 커서 태어나서 단 한 번도 신발을 신어본 적 없는 사내에게 신발을 만들어주기도 했다. 태어날 때부터 소아마비가 있는, 아름다운 신부 입장과 새로운 부부의 행진을 꿈꾸던 여자 손님이 결혼식 때 신을 구두를 맞춰주었다. 그렇게 그가 만든 세상에 단 하나뿐인 맞춤형 신발들이 자그마치 5만 켤레다.

그러다 그가 히말라야로 갔다. 기업의 후원을 받아 이런저런 사고를 당한 절단장애인들과 함께 길을 나선 것이다. 허벅지 아래 두 다리가 없거나 한쪽 무릎 아래가 없거나 한쪽 발이 없는 사람들이 모여 길을 걸었다. 사람들은 그들을 보고 "실성하지 않고서야 왜 사지 멀쩡한 사람도 가기 힘든 길을 가냐"고 비아냥거렸다. 발가락 하나만 없어도 걷기 어려운 그 길을, 팔이 없어 균형 잡기도 어려운 칠십 노인이 구토와 어지럼증을 견디며 걷는다고 상상해보라. 그들의 모습을 취재하려 함께 떠난 박종인 기자는 이렇게 회상한다.

"사지 멀쩡한 자신도 고산증과 몸이 찢어질 듯한 피로에 허덕이는데, 앞뒤 양옆에 절단장애인들이 두 눈 시퍼렇게 뜨고 걷는 모습을 보면 힘을 낼 수밖에 없었습니다."

수십 번씩 머릿속을 오가는 좌절, 포기, 오기 속에서 남궁할아버지가 아무 말 없이 먼 산으로 걸어가다 자신을 향해 손을 흔드는 모습을 보며 힘을 냈다.

잠시 후 발도 없고 다리도 없는 20~30대 청년들이 온통 눈물 투성이가 된 채 남궁할아버지에게 다가갔다. 남궁할아버지는 산 정상에서 고요히 눈물을 흘리며 함께한 사람들에게 말했다.

"우리 모두 세상에 꼭 필요한 사람이 되자."

한국 나이로 고희를 맞은 노인은 해발 약 4,700미터 히말라야 칸진리봉에 올라 울었다.

나는 이 글을 읽으며 그들과 함께 뜨겁게 울었다. 욕 좀 먹더라도 산에 오르기로 결심하고 큰 뜻을 이루어낸 그들이 너무도 고마웠다. 이 절단장애인들이 세상에 필요한 사람이 되기로 결심했듯, 이 글을 보는 당신과 나도 세상에 꼭 필요한 사람이 될 수 있다. 그들이 저렇게 온몸을 던져 보여준 것은 희망이었다. 원한다면 우리 또한 누군가의 희망이 될 수 있다.

모두가 미쳤다고 손가락질할 때 내면의 목소리에 귀를 기울여 움직이고, 자신의 삶을 자신답게 살아가자. 당신은 과연 어떤 삶을 살 것인가? '아무것도 안 하고 욕먹지 않는 삶'인가, 아니면 '욕 좀 먹고 소신껏 사는 멋진 삶'인가?

한 번 태어난 인생이라면 대범하게 원하는 모든 것을 배우고, 하고 싶은 모든 일을 하며, 자신의 삶을 가꾸어야 한다. 청년기에 보낸 한 달은 앞으로의 몇 년을 좌지우지할지도 모른다. 모든 변화는 행동에서 시작된다. 당신의 선택이, 당신의 행동이 당신의 운명을 만든다. 비난의 파도가 다가올 때 하늘로 날아올라 담담히 출렁이는 파도를 바라보라. 당신은 더 크게 생각하고 더 크게 이루며 더 크게 살 수 있다.

2장

돈이
알려주는
행복의 진짜 의미

"WHY?"가 아니라 "WHY NOT?"

"여행이란 우리가 사는 장소를 바꾸는 것이 아니라 우리의 생각과 편견을 바꾸는 것이다."

아나톨 프랑스의 말처럼 나는 아시아, 오세아니아, 중동, 유럽, 북미의 24개국을 여행하며 가지고 있던 생각과 편견을 완전히 바꾸었다. 그중 가장 기억에 남는 것은 단연 뉴질랜드에서 스카이다이빙을 했던 경험이다.

나는 물갈이가 워낙 심해 여행을 시작하면 일주일 동안은 제대로 먹지 못했다. 배는 고픈데 무엇이라도 먹으면 데굴데굴 구를 정도로 아팠기 때문이다. 설상가상으로 뉴질랜드에선 멀미로 고생해 며칠 동안 구토로 힘든 날들을 보냈다. 굶주린 상태에서 레스토랑에 갔는데 현지인이 말하는 내용이 잘 들리지 않는다. 그럴 땐 눈치껏 뜻을 유추해야 했다. 내 귀에 들리는 내용은 대충 이랬다.

"너 이 지역에서만 나오는 새로운 메뉴 먹어볼래?"

당시 나는 무조건 "Why not?(왜 안 돼? 당연히 되지)"이라고 답했다. 실패할 때도 많았지만 새로운 시도에 도전하는 것이 즐거운 놀이처럼 받아들인 것 같다. 초중고 12년, 시키는 대로 공부에 매달려 살아온 인생에서 20대가 되어 적당히 선 넘는 즐거움을 배우기 시작한 것이다. 당시 관광 프로그램을 신청해 퀸스타운을 여행 중이었는데 재미있는 것이 없을까 하다가 별생각 없이 스카이다이빙을 예약했다. 한국에서 번지점프를 두 번 해봤는데, 정말 무서웠지만 막상 하고 나니 그래도 해볼 만하다는 생각이 들었다. 그래서 한국에서 하기 어려운 더욱 강한 스릴을 택했다.

스카이다이빙센터에 도착해 주위를 둘러보는데 벽에 붙어있는 문구들이 무시무시했다.

"4,500미터 높이에서 비행기 밖으로 몸을 던지는 것, 아무나 할 수 있는 일이 아닙니다. 용기가 필요합니다. 도전하세요! 우주시대의 초첨단 하네스 장비를 이용하여 자격을 갖춘 점프마스터와 함께 비행기 문밖으로 발을 내딛게 됩니다. 지상을 향해 약 60초간 시속 200킬로미터 종단속도로 낙하할 것입니다!

4,500미터는 외기권에서 60초간 자유강하, 3,600미터는 성층권에서 45초간 자유강하, 2,700미터는 대류권에서 25초간 자유강하입니다."

스카이다이빙을 하기에 앞서 한 방에서 모여 설명을 들었다.

교관이 뭐라고 설명하는데 영어로 빠르게 말하니 이해하기 어렵다. 많은 사람 중 한국인은 나 하나뿐이라 물어볼 사람도 없다. 나는 '잘 들리지도 않는데 난 왜 이렇게 뒤에 앉았을까' 하는 후회를 하기 시작했다. 설명하던 교관이 갑자기 큰소리로 물었다.

"블라블라블라?"

그런데 이 말을 듣더니 갑자기 사람들이 웅성거린다. 궁금했던 나는 부끄러움을 무릅쓰고 손을 번쩍 들었다. 무슨 소리인지 못 알아들었으니 다시 설명해달라는 뜻이었다. 그러자 잘생긴 교관은 눈을 반짝이며 내게 말했다.

"꽐라꽐라꽐라!"

맙소사. '블라블라'가 뭐냐고 물었더니 이번엔 '꽐라꽐라'다.

'뭐라는 거야? 에라 모르겠다. 모를 땐 'Why not'이 최고지.'

나는 마치 알아들은 사람인 양 큰소리로 웃으며 "Why not?"이라 답했다. 그 짧은 대답이 가져올 결과에 대해선 상상도 못했다. 나는 무식하고 용감했다.

더 당혹스러운 것은 주위 사람들의 반응이다. 눈을 똥그랗게 뜨고 나를 쳐다보며 엄지를 치켜들기까지 한다. 뭔지 모르지만 잘했다는 뜻인 것 같았다. 나는 영문을 몰라 일단 미소로 화답했다. 그리고 접수를 마치고 돈을 지불한 다음 이동하기 위해 밖에서 기다리는데 한 외국인 친구가 내게 용감하다며 말을 걸었다. 뭐가 용감하냐 했더니 상황 설명을 해주는데, 내가 4,500미터를 선택했다는 것이다. 네?

'오 마이 갓. 사람들이 왜 나한테 엄지손가락을 자꾸 치켜드나 했어.'

후회가 몰려오며 눈앞이 캄캄해졌다. 그러나 이왕 이렇게 된 거 한번 겪어보고 싶다는 마음이 더 컸다.

'피할 수 없다면 즐기자.'

하늘에서 멋지게 다이빙하는 내 모습을 떠올리니 마음이 편해졌다. 곧 버스를 타고 한참을 이동해 작은 컨테이너 박스가 있는 너른 벌판에 도착했다. 우리는 반짝거리는 은빛 경비행기를 타고 하늘 높이 다이빙 포인트까지 날아갔다. 큰 산이 바로 내 곁을 지나간다.

이럴 수가! 만년설을 머리에 얹은 산과 도시를 감싼 거대한 와카티푸 호수를 하늘에서 바라보니, 마치 내가 한 마리 커다란 새가 된 듯 행복감을 느꼈다. 아름답다는 말로 차마 다 표현할 수 없는 놀라운 광경이었다. 여기저기서 나와 같은 심정을 느낀 사람들의 탄성이 새어나왔다.

그렇게 한참을 올라가다 다이빙 포인트인 4,500미터 지점에 도착했다. 낙하를 준비할 시간이 된 것이다. 순간 찬물을 끼얹은 듯 고요한 가운데 모두 긴장해 정신줄을 놓은 표정들이다.

막상 올라와보니 지상에서는 막연하게만 느꼈던 두려움이 피부로 와닿았다. 얼굴이 하얗게 질려 낙하를 포기하겠다고 말하는 사람도 있었다. 나도 잠시 포기할까 고민했다. 그러나 여기까지 온 이상 후회할 일은 하지 않겠다고 생각하며 정신차리고 심호흡을 했다. 후우우~ 하아아~. 내가 점프할 순서가 되었다.

아래를 내려다보며 비행기 난간에 걸쳐 앉아있는데 아무 생각이 나질 않았다. 너무 무섭다. 그런 나와 상관없이 열심히 점프 준비를 하던 조교가 나를 호명했다. 갑자기 정신이 돌아왔다. 엄청난 비행기 소음을 뒤로하고 그가 내 눈을 바라보며 큰 목소리로 외친다.

"Are you ready?(준비됐어?)"

내가 뭐라 대답했는지 기억도 안 난다. 교관과 내 몸이 하나로 묶인 상태에서 그가 뛰어내렸기 때문이다. 낙하하며 엄청난 바람이 얼굴을 강타했다. 숨이 멎을 것 같다.

시속 200킬로미터 이상의 속도로 땅을 향해 추락한 것이다. 낙하 속도가 워낙 빨라 귀마개를 했음에도 귀가 멍멍하고 찢어질 지경이다. 평생 처음 하는 경험에 나는 공포 영화 속 여주인공처럼 죽어라 비명을 질렀다.

내가 선택한 탠덤 스카이다이빙은 내려오면서 아름다운 경치를 감상할 수 있는 시간이 충분하다. 최고 60초 동안 시속 200킬로미터가 넘는 자유낙하의 아찔함을 즐기다가, 착륙 전 몇 분 동안은 낙하산을 펴고 평화롭게 가슴 탁 트이는 풍경들을 보며 하늘을 떠다녔다.

나는 눈을 크게 뜨고 주위를 바라봤다. 하늘에서 내려다본 퀸스타운의 모습은 천국 그 자체다. 고도에 따라 변하는 주변 풍경들은 마치 10분 동안 재생되는 아름다운 영화 속 한 장면처럼 느껴졌다.

'내가 꿈을 꾸고 있는 건가?'

그 기분을 뭐라고 표현할 수 있을까? 기압 때문에 얼굴의 볼이 다 하늘로 말려 올라간 엽기적인 모습으로 말로 표현 못 할 감동을 느꼈다. 하늘에서 숨 막히게 아름다운 풍경을 보며 내려오니 벅찬 감동이 밀려왔다. 1분도 채 되지 않는 순간이지만 그때 본 퀸스타운의 험준한 산과 장엄한 호수, 맑은 공기는 수년이 지난 지금까지도 어제 일처럼 생생하다. 스카이다이빙의 짜릿함은 그렇게 나의 심장에 새겨졌다.

'아, 벌써 끝났구나.'

막상 땅에 발이 닿으니 불과 몇 분 전의 공포는 온데간데없이 사라졌다. 은발의 젊은 점프마스터가 날 향해 엄지손가락을 높이 치켜세웠다.

“소리 엄청 지르던데? 그렇게 신났어? 너 참 용감하다.”

나는 환한 미소로 그와 함께 기념사진을 찍으며 답했다.

“꿈같았어. 정말 엄청난 경험이야.”

1분 동안 하늘에서 어찌나 크게 소리를 질렀는지 목이 다 쉬어버렸다. 그래서 그날 저녁은 종일 목이 따끔거리고 아파 말을 하기 어려웠다. 그 뒤로 이틀 넘도록 하늘에서 봤던 아름다운 풍경이 아른거렸다. 그 한순간이 이토록 오래 기억되다니. 만약 그때 두려움에 포기했다면 이렇게 좋은 경험도 하지 못하고 얼마나 오랜 시간 후회했을까?

나는 알게 되었다. 앞으로도 삶이 내게 질문을 던져올 때 항상 “왜 안 돼?(Why not?)”라고 답해야 한다는 것을.

스카이다이빙의 몸무게 제한은 100킬로그램이고 나이 제한은 없다. 누구든 몸무게만 맞으면 도전할 수 있다는 말이다. 1990년에 시작된 뉴질랜드 스카이다이빙을 경험한 최고령자는 94세라고 한다. 만약 당신에게도 기회가 생긴다면 꼭 스카이다이빙에 도전해보라.

“저는 모험을 즐기며 삽니다. 저는 평생 충만하기를 원합니다. 저는 큰 꿈을 꾸기 위해 삽니다. 저는 불가능해 보이는 일을 합니다. 남들이 할 수 없다는 반응을 보일 때 제 반응은 딱 한 가지입니다. 왜 안 돼?(Why not?) 제가 팔과 다리가 없이 태어났다고 해서 위대한 일을 이룰 수 없다는 것은 아닙니다. 저는 제 삶에 주어진 모든 것을 사랑합니다. 저는 활기차고 열정적으로 살고 싶습니다."

양팔과 다리가 없이 얼굴과 몸통만 가지고 태어난 닉 부이치치의 말이다. 그는 자신의 장애를 비관하며 여덟 살 이후 무려 세 번이나 자살을 시도했다고 한다. 그러나 그는 활기차고 열정적으로 살고 있다. 높은 다이빙대 위에서 뛰어내리고, 스케이트보드를 타고, 서핑을 하고, 드럼을 연주하고, 수많은 이들과 SNS로 교류하고, 컴퓨터를 하고, 휴대폰을 하고, 글을 쓴다. 아름답고 지혜로운 아내와 결혼해서 세 자녀를 키우며 살고 있다. 닉 부이치치는 세상 누구보다 커다란 장애를 갖고 태어났지만 베스트셀러 작가이자 놀라운 강연가로 누구보다 멋진 인생을 살고 있다.

닉 부이치치의 성공 비결은 남들이 할 수 없다고 할 때 "왜 안 돼?(Why not?)"라고 답하며 시도하는 것이었다. 이제부터 삶의 모든 질문에 웃으며 "Why not?"이라고 답해보라. 상상도 못 했던 더 좋은 세상이 당신 앞에 펼쳐질 것이다.

가장 큰 위험은 위험 없는 삶이다

아르바이트에 시달리는 청년들은 '꿈'이라는 말을 들으면 일단 뒤로 물러선다. 시간도 없고, 돈도 없고, 바쁘고, 준비되지 않아 못 한다는 이유에서다. 물론 틀린 말은 아니다. 그러나 그렇게 이유를 대면 한도 끝도 없다. 중·고등학생들은 공부하느라 못 하고, 대학생들은 스펙 관리하느라 못 하고, 직장인들은 바빠서 못 하고, 결혼하면 애 때문에 못 하고, 나이 들면 기력 딸리고 돈 없어서 못 한다. 그러면 평생 언제 할 것인가? 한 번뿐인 인생이다. 끌려가는 삶을 살았다면, 이젠 끌어가는 삶을 살아갈 차례다.

김연아 선수는 열악한 한국의 피겨스케이트 환경에 자신의 마음을 빼앗기지 않았다. 대신 자신에게 주어진 시간 속에서 끊임없이 이런 생각을 하며 살아왔다.

'나는 세계 최고의 피겨스케이트 선수야.'

그 상상은 현실이 되었다.

지금 당신이 하고 있는 생각은 금보다 귀하다. 당신의 생각과 행동에 시간을 더할 때 기적이 드러난다. 당신이 만지는 모든 것이 새로운 생명을 얻는다. 당신이 처한 상황이 무엇이든 괜찮다. 상상은 당신이 처한 환경에서 당신을 끌어내어 새로운 약속의 땅으로 데려다준다.

청년들에게 '누구든지 바라는 걸 이룰 수 있다'며 자신감을 북돋아준 사람이 있다. 류광현 씨는 '나를 받아주는 기업'이 아니라 '내가 가고 싶은 기업'에 취업했다. 해외에서 성공한 한인 기업가들로부터 기업가 정신을 배우겠다며 국내 기업가들의 후원을 받아 긴 여행을 다녀오기도 했다.

그는 태어날 때부터 그렇게 적극적이지는 않았다. 유학자 집안에서 태어나 "하지 마라. 안 된다"는 소리를 숱하게 듣고 자랐다고 한다. 그런데 어느 순간 "하자. 된다"고 생각하며 자신의 삶을 스스로 디자인했다. 중·고등학교 시절부터 신문 배달, 찹쌀떡 장사, 고깃집 아르바이트 등 잡다한 일을 경험했다.

졸업 후에도 그는 남달랐다. 새롭게 주목받는 전기자동차 분야에 흥미를 가지고 채용계획이 없는 회사에 가서 허드렛일을 거들며 입사하고 싶다는 의지를 보여주고 뜻을 이뤘다. 또한 좀 더 많은 경험을 위해 회사를 그만두고 기업가 정신을 배울 수 있는 사람을 찾아 여행을 떠났다.

"대학생도 아닌 직장인에게 누가 후원을 해주냐?"

"성공한 기업가들이 널 만나주기나 하냐?"

이런 부정적인 주변 반응에 오기가 생겨 꼭 가야겠다고 결심을 했다. 그리고 30여 명의 국내 기업가들로부터 수백만 원의 후원을 받아 남미와 아프리카에서 성공한 200여 명의 한인 기업가를 만나는 데 성공했다.

"생각했던 것들을 실천하고 성취하면서 확신을 갖게 됐다. 안 되면 왜 안 되는지 원인을 따져보고, 가능한 방향으로 실천해봐야 한다는 걸 깨달았다."

그가 직장인이기에 가능한 일이었다고 생각하는 사람이 있다면, 학생 신분으로 세계 여행의 꿈을 이룬 사람을 살펴보자.

동국대학생 김현석 씨는 11개월 동안 남짓 동남아·중동·유럽을 거쳐 남미·북미 지역까지 26개국을 혼자 여행한 후 전국을 돌며 강연을 했다. 여행비는 학교를 1년 쉬는 동안 카페와 과외 등 아르바이트를 해서 모은 2천만 원으로 충당했다. 그리고 세계 곳곳을 누볐다.

‘왜 우리는 이 사람들처럼 행복하지 않을까?’

그가 이집트에서 만난 또래 친구에게 행복한지 물었다. 그러자 그는 너무나 당연하다는 듯 이렇게 답했다.

“그렇다. 알라께서 내게 건강한 몸을 줬고, 이렇게 외국 친구와 얘기할 수 있는 상황도 줬다.”

김현석 씨는 브라질에서는 매일 밤낮 파티를 즐기는 사람들을 보면서 ‘현재를 즐겁게 사는 게 행복’이라고 생각했다. 두바이의 한 호텔에서는 자신이 1년간 아등바등 모은 2천만 원이 단 이틀 치 숙박비에 불과하다는 사실에, 돈이 주는 행복의 허무함을 새삼 느끼기도 했다. 깨달음을 얻고 귀국한 그는 전국을 다니며 행복에 대한 강연을 시작했다.

“우리가 불행하다고 느끼는 이유는 남과 비교를 하기 때문입니다. 20대가 아니면 평생 못 할 것 같아 떠난 세계여행인데, 뜻하지 않게 행복에 대해 많이 생각했어요. 우리는 왜 평생 끝없는 걱정에 파묻혀 살아야 할까요? 다른 사람과 비교하는 대신 과거와 지금의 나를 비교한다면 행복해질 수 있습니다.”

그는 여행지에서 만난 사람들에게서 답을 얻었다고 한다. 당신은 한 번뿐인 소중한 인생을 어떤 모습으로 살아가고 있는가?

내가 여행지에서 만난 청년 중엔 왕복 항공권과 일주일 동안의 생활비만 가지고 와서, 입국 하루 만에 취업하고 1년 동안 돈을 모아 세계여행을 떠난 이도 있었다. 그들은 "다시 태어나면 꼭 이렇게 살 거야"라고 말하기 싫다고 했다. '돈 없고 가난하고 영어 못해도 일단 나오면 어떻게든 되겠지'라며 무작정 덤빈 것이다. 이런 삶이 무모하고 위험해 보일 수도 있다. 그러나 스티븐 코비의 말을 들으면 또 생각이 달라진다.

"가장 큰 위험은 위험 없는 삶이다."

매 순간 모험을 할 수는 없다. 그러나 누구나 한 번쯤은 도전하고 싶은 마음이 들기도 한다. 이때 피하지 않고 꼭 기회를 잡았으면 한다. 운명이 말을 걸어올 때 원하는 삶을 꿈꾸지 않으면 시작도 하기 전에 패배하게 된다.

누구에게나 변명거리는 있다. 그러나 빛을 향해 나아가는 청년들은 지금도 수천 가지의 변명을 이기는 승리의 삶을 선택한다. 그런 용기를 내려면 다시 태어나야 가능할 것 같다고? 왜 꿈꾸는 삶을 살기 위해 다시 태어나야 하는가? 하고 싶은 것이 있다면 지금 결단하고 도전하라! 지금 이루지 못하면, 다시 태어나도 이룰 수 없다. 하면 후회할 것 같고, 안 해도 후회할 것 같다면 해보고 후회해보는 것이다.

미국 코넬대학교의 칼 필레머 교수가 5년에 걸쳐 70세 이상의 각계각층 1천 명이 넘는 사람을 대상으로 조사한 결과, 그들은 하나같이 간절한 마음으로 이렇게 말했다.

"싫어하는 일을 하며 몇 년을 보내는 것은 후회의 지름길이요, 비극적인 실수다."

그들은 그 어떤 것보다 강력하게 "1년에 2천 시간이 넘는 돌이킬 수 없는 시간을 낭비하지 말라"고 말했다.

이제 생각해보자. 아침에 일어나 일하러 가는 것이 짜증 나는가? 출근할 때 화나고, 끌려가는 것 같고, 내키지 않는가? 그렇다면 진심을 들여다보고 "내 인생 디자인은 내가 한다"고 선포하라. 어쩌면 당신은 지금이 변화를 시작해야 할 때일지 모른다.

칼 필레머 교수의 책《내가 알고 있는 걸 당신도 알게 된다면》에는 앨버트 폴섬이라는 노인의 이런 조언이 나온다.

"일출이 보고 싶으면 어두울 때 일어나야 해. 좋은 직장이 있다면 늦지 않고 제시간에 직장에 가서 즐겁게 하루를 맞고 싶을 거야. 지금 하고 있는 일을 즐겨. 좋아하지 않는 일을 하기에는 하루가 너무 길거든. 좋아하지 않는 일을 하고 있다면 얼른 다른 일을 알아봐. 아침에 일어나서 하기 싫은 일을 하러 가는 것보다 더 가혹한 형벌은 없으니까."

더 이상 당신의 삶을 가혹한 형벌로 채우는 삶을 선택하지 말라. 아침에 일어나면 콧노래가 나오는 일을 찾아서 하라. 그 일을 할 때 하늘에서 당신에게 선물한 재능이 빛을 발하고, 당신의 삶 또한 몰라보게 변할 것이다.

생계를 유지하는 선 안에서 당신이 좋아하는 일을 찾아 일단 시작하면 길이 보이게 된다. 그렇다면 망설이지 말고 시작하고 마무리 지어라. 완벽을 추구하며 아무것도 하지 않는 것보다, 불완전하더라도 시작해서 끝내는 것이 낫다. 이 과정에서 무수히 넘어지고 다시 일어서며 지혜를 얻는다면 이미 성공한 삶을 살고 있는 것이다.

당신은 꿈들의 희망이다. 당신의 가슴 속 가득한 꿈들은 세상 밖으로 나가고 싶어 당신만 바라보고 있다. 너무 오랜 시간 꿈을 기다리게 하지 마라. 당신이 늙는 건 어쩔 수 없지만, 당신의 꿈까지 늙게 할 순 없다.

'뭐 먹지?' 매일 고민하는 것처럼 '어떻게 하면 지금 있는 곳에서 지금 가진 것으로 꿈을 현실로 만들며 살지?'를 자주 물어보라. 묻지 않아 몰랐을 뿐 당신은 분명 답을 알고 있다. 스스로에게 자주 적절한 질문을 거친다면 반드시 해결법을 찾게 된다.

힘든 현실에 매몰되지 말고 원하는 모습이 된 당신을 열망하라. 또한 당신의 세상이 어떻게 변화하는지 지켜보라. 당신은 당신의 꿈을 이루며 삶을 즐길 자격이 충분하다.

새로운 시작이 두려운가? 그렇다면 수잔 제퍼스의 말을 떠올리며 용기를 내자.

"공포를 느껴라. 그리고 그래도 도전하라."

꿈과 함께 성장하는 당신은 이미 최고다.

최악으로 실패한 첫 전시회

호사다마(好事多魔)라는 사자성어가 있다. 좋은 일에는 흔히 방해되는 일이 생긴다는 뜻이다. 그러나 이를 뒤집어 생각하면 어떨까? 안 좋은 일이 생기면 곧 좋은 일이 일어날 징조라고 여길 수 있다. 나는 경제적, 정신적 자유를 꿈꾸며 살아왔지만, 젊음의 대부분을 생활비를 벌고 내 학자금과 가족의 빚을 갚는 데 사용해야 했다. 가족 누구에게도 경제적으로 기댈 수 없고 오히려 내가 도와줘야 한다는 부담감은 빠져나올 수 없는 깊은 늪처럼 느껴지기도 했다.

그러나 그로 인해 더 좋은 일이 많이 생길 거라 무조건 믿었다. 그렇게 생각하니 내 스스로 약점이라 생각했던 모든 것이 결국 나를 남들과 다르게 만들어주는 놀라운 능력이 되었다.

나는 건강이 좋진 않다. 20대에 화장실도 없는 매장에서 하루 14시간씩 혼자 일을 하다 보니 자연스럽게 물을 잘 마시지 않게 되었다. 화장실에 간 사이 물건이 없어지는 경우가 많았기 때문이다. 이런 습관은 10년 뒤 신장질환이 되었다. 결혼한 직후인 2011년엔 증세가 악화돼 1년간 고통받았다. 돈은 벌 수 없는데 병원비는 계속 나가고, 건강은 점점 악화되어 우는 날이 많아졌다.

30대엔 겨우 기능을 하는 신장을 달래가며 살았다. 먹는 것, 마시는 것, 자는 것 모두 신장에 부담되지 않는 선 안에서 조심조심 산다. 하지만 이는 내 약점이 아니라 강점이다. 나는 병을 앓게 된 이후, 치료도 받지 못하고 고통받는 환자와 그들을 돌보는 가족들에 대한 커다란 공감대를 가지게 되었다. 또 주어진 시간 안에 빠르게 일처리를 하는 습관이 생겼다.

나는 12년간 미술이 아닌 분야에서 일하며 자투리 시간을 이용해 그림을 그려야 했다. 피곤에 지친 몸을 이끌고 창작활동을 했기에 자연스럽게 시간과 기운을 허투루 쓸 수 없었다. 출퇴근길엔 작은 노트에 스케치를 하고, 점심시간엔 칼럼을 쓰고, 저녁엔 런닝머신을 하며 책을 읽었다. 이동하면서 늘 오디오북을 듣고 공부했다.

이런 삶의 태도가 몸에 배다보니 네 아이를 낳고 키우면서도 공백기 없이 꾸준히 하고 싶은 일들을 하며 돈을 벌게 되었다. 덕분에 자체제작 콘텐츠로만 7,000만 뷰를 달성한 행복한 사업가로 살고 있다.

그뿐만이 아니다. 나는 20대에 가난 때문에 15번 이사를 하고 30번 직업을 바꿔야 했다. 그렇기에 어디를 가나 눈치가 빠르고 빨리 적응하는 능력이 생겼다. 어려운 환경에서 부당한 대우를 받으며 힘겹게 살아가고 있는 사람들과 커다란 공감대를 형성할 수 있다. 또한 그들에게 새로운 삶의 방향을 알려주는 안내자가 될 수 있다.

"저보다 더 열악한 환경에서 이뤄내신 것을 보고 놀랐어요. 그걸 보니 저도 변명하지 않고 꿈을 이루며 살고 싶다는 생각을 했어요."

나를 만난 사람들이 자주 하는 말이다. 나는 많은 일에 도전하면서 다양한 실패를 해왔다. 그 중 첫 번째 개인 전시 실패담을 나누고 싶다. 나는 낮에 사무실에서 일하며 퇴근 후에 그림을 그릴 당시, 마음이 답답해지거나 어디론가 떠나고 싶을 때도 많았다. 그럴 때는 퇴근길에 사무실 근처의 강가나 호수를 찾아 흐르는 물을 하염없이 바라보았다. 그조차 못할 정도로 바쁘면 이동하는 전철 안이나 사무실의 창 사이로 보이는 하늘을 올려다보았다. 매일 들어앉아 그림만 그리다 보니 몸이 약해진 느낌이 들었다. 그래서 체력유지를 위해 헬스장에서 들러 무작정 뛰었다.

운동 후 자정이 넘어 집으로 돌아오는 길에 보이는 키 큰 콘도건물과 아파트에서 새어나오는 반짝이는 빛을 보면서 '저 수많은 집 중 중 왜 내 집은 하나도 없는 걸까' 하는 생각을 하면 슬퍼지곤 했다. 그러나 '언젠가 내 집이 생길 거야'라며 제일 좋은 아파트를 매일 내 집이라 상상하며 즐거워했다.

나는 인생이 내가 생각하는 대로 이루어진다고 믿었다. 나는 그림을 그리면 사진을 찍고 홈페이지에 올려두었다. 홈페이지를 열고 모니터 화면 위로 떠오르는 내 그림을 보고 뿌듯함과 동시에 성취감을 느꼈다. 그리고 머릿속으로 내 그림이 전시장에 걸려있는 모습을 상상했다.

나는 제대로 된 전시를 해보기 위해 갤러리에 포트폴리오를 보내기로 했다. 전화번호부와 인터넷을 이용해 거의 모든 갤러리의 주소와 이메일 주소를 모으고, 우편과 이메일로 내 포트폴리오를 보냈다. 한 번이라도 더 그들이 나의 작업을 보게 되지 않을까 하는 나름의 비책이었다. 대부분 답이 없었다.

"작품은 너무 좋으나 시장의 축소로 더 이상 신진작가를 뽑지 않습니다."

"현재 소속작가들의 전시도 밀려있어서 당장은 불가능합니다."

이런 답을 보내는 곳도 간혹 있었다. 나는 전시에 대한 열망을 포기할 수 없었다. 주관적인 입장으로 나를 바라볼 때 나는 저평가 우량주였다. 갤러리들이 각자의 사정으로 내 가치를 몰라본다고 생각했다. 빈센트 반 고흐도 그의 생전에 팔린 그림은 단 한 점에 불과하지 않았던가. 나는 틈날 때마다 기도했다. 기도 내용은 단순했다.

"전시를 하고 싶습니다. 항상 도와주셔서 감사합니다."

그러다 몇몇 갤러리에서 작품이 좋으니 시간될 때 방문해달라는 메일을 받았다. 그런데 정작 방문하면 메일 내용과는 달리 조금 더 시간을 두고 검토해봐야겠다고 말하거나, 엄청난 비용을 내고 전시를 하라고 부추겼다. 이렇게 전시가 될 듯 말 듯 하면서 일이 어긋날 때, 애간장이 탄다는 표현이 꼭 들어맞을 만큼 마음이 너무 힘들었다. 이런 일이 잦아지자 나도 모르게 부정적인 생각에 정신을 빼앗기기도 했다.

태국 사람들은 코끼리를 길들일 때 쇠사슬을 사용한다. 쇠사슬의 한쪽 끝은 코끼리 발목에 묶고 다른 쪽 끝을 말뚝에 묶는다. 코끼리는 밧줄을 끊기 위해 몸부림을 치지만, 그러다 점점 체념해서 나중에는 밧줄을 풀어두어도 밀림으로 돌아가지 않는다. 밀림의 꿈을 잃은 코끼리는 평생 사람들이 주는 대로 먹고 시키는 대로 움직이는 가축이 되어 생을 마감한다.

세상이 인간을 길들일 때도 현실이라는 밧줄로 발목을 단단히 묶어 체념하게 만든다. 그러나 인간에겐 밧줄을 끊을 때 사용하라고 신이 선물한 놀랍도록 날카로운 칼이 있다. 그 칼의 이름은 바로 '희망'이다. 희망 앞에선 가난, 빚, 실패, 열등감, 장애 등의 모든 현실도 충분히 이겨낼 수 있는 가느다란 밧줄일 뿐이다.

나는 가난했고, 갤러리를 통한 개인전시를 수차례 시도했으나 번번이 실패했다. 그러나 희망을 버리진 않았다. 그러다 나는 희망을 찾아 토론토 매트로 컨벤션 센터에서 열리는 토론토 아트 엑스포의 작품들을 관람하고 있었다. 좋은 작품들이 걸려 있어 바라보고 있는데, 어디에선가 반가운 한국어가 들려왔다. 작가분이 한국인이었던 것이다. 나는 그렇게 만나게 된 임승연 작가님과 인사를 나누었다. 그리고 오래간만에 한국어로 대화를 하며 스스로에게 한 가지 질문을 던졌다.

'어떻게 하면 여기에서 전시를 할 수 있을까?'

나의 꿈은 다음 해에 그분을 만났던 전시장에서 당당히 전시를 하며 이루어졌다. 모든 준비가 끝나고 전시회 오프닝 갈라 초대권 300장이 집에 왔을 땐 지나가는 사람 아무나 붙잡고 "제가 드디어 전시를 하게 되었어요!" 하고 외치고 싶을 정도였다. 1년간 사고 싶고 먹고 싶고 놀고 싶은 모든 욕망을 참아가며 모은 돈을 투자한 첫 전시였기에 더욱 기뻤다.

나는 전시일을 손꼽아 기다리며 작업에 매진했다. 여전히 10시부터 6시까지 사무실에서 일을 하며 그림을 그리느라 육체적으로는 힘들었지만, 내 그림을 누군가에게 보여줄 수 있다는 생각에 무척 설렜다.

그런데 오픈 전날 밤 전시장에 가보니, 황당하게도 아무것도 없이 텅 빈 벽만 있었다. 그때까지는 그림만 가져가면 전문가들이 알아서 그림을 디스플레이 해주던 단체전시회에 참석했기에, 그림만 그리고 내 작품들을 전시장에 걸 어떤 준비도 하지 않았다. 해외 아트페어의 경우 벽에 작품을 걸기 위한 모든 준비는 전적으로 참여 작가의 몫이었다. 나는 노련하게 작품을 디스플레이하는 다른 작가들의 분주한 모습을 보며 무엇을 해야 할지 아무런 생각도 해낼 수 없었다. 작품에만 집중한 나머지, 전날 밤까지 거의 한 달을 밤새며 쌓인 피로가 한꺼번에 밀려오는 느낌이었다.

도와주러 온 가족과 친구들은 디스플레이 준비로 분주한 다른 작가들에게 물어 필요한 못, 고리, 망치, 철사 등을 사러 뿔뿔이 흩어졌다. 그렇게 우여곡절 끝에 늦은 밤 전시장의 모든 작품을 디스플레이 할 수 있었다.

다음날 나는 바로 전시장으로 향했다. 그리고 1년 동안 아껴

왔던 휴가를 전부 전시장에서 보냈다. 휴가를 신청하며 나는 야자수가 보이는 푸른 바닷가보다 나의 작품이 전시된 컨벤션 센터에서 더 아름다운 추억을 남길 것이라 예상했기 때문이다. 그런데 그것은 착각이었다. 나는 오픈 한 시간 만에 초보 작가가 할 수 있는 모든 실수를 저질렀다.

현지 콜렉터들이 내 작품에 관심을 가지며 얼마냐고 물으면, '감히 나의 분신과도 같은 작품에 어떻게 가격을 매겨?'라고 생각하며 말도 안 되게 높은 가격을 불렀다. 수차례 와서 작품을 팔라고 말했던 콜렉터도 있었지만, 그가 원했던 작품이 내가 제일 좋아하는 작품이라 아무리 돈을 줘도 팔지 않는다며 돌려보냈다. 작품에 대해 설명해 달라고 하면 입을 떼기도 전에 눈물부터 줄줄 흘렸다. 아무리 자신 있게 설명하려고 수차례 시도해도 작품 한 점을 위해 그동안 흘린 모든 눈물과 땀방울이 생각나 감정조절이 되지 않았기 때문이다. 사람들은 그런 내 모습을 보며 어쩔 줄 몰라했고, 나 또한 예상치 못한 나의 눈물에 당혹스러웠다.

도와주러 온 사람들이 내가 자리를 비운 사이 작품을 팔아준다며 가격을 적어달라는 말에도 나는 팔지 않는다며 고집을 부렸다. 내 작품들은 마치 나의 친자식과 같은데 누군지도 모르는 사람들에게 시집 장가 보낼 수 없다는 지론이었다. 그렇게 똥고

집을 부리던 초보 화가의 전시는 상상한 것과 전혀 다른 모습으로 막을 내렸다.

허망하게 전시가 끝나고 작품들은 모두 지하창고에 처박히게 되었다. 나는 가끔 지하창고에 들러 작품들을 바라봤는데, 먼지가 쌓여가는 작품들을 보며 '이렇게 창고에 썩힐 바엔 차라리 원하는 사람들에게 팔걸' 하며 후회했다.

가족과 친구 등 많은 사람이 내 전시를 위해 물심양면으로 고생했으나 나는 그들에게 밥 한 끼 사줄 정신적, 경제적 여유가 없었다.

중요한 건 강한 확신과 치밀한 계획

전시가 끝나고 난 뒤 다시 다람쥐 쳇바퀴 돌 듯하는 직장인의 삶이 반복되었다. 처음 참석했던 나의 아트페어는 상상도 못한 고난으로 가득했고, 자식처럼 아끼는 작품들은 모두 짐짝처럼 지하창고에 처박히자 속이 몹시 상했다. 하지만 이대로 물러서고 싶진 않았다. 나는 회사에서 일을 하며 틈틈이 희망하는 바를 종이에 적어 읽었다. 그리고 무조건 한 가지 생각만 했다.

'할 수 있다. 된다, 된다. 나는 된다!'

이렇게 생각하면 모든 소망이 정말 이루어질 것 같았다. 다음 해에 열릴 토론토 아트 엑스포에서는 반드시 성공을 거두겠다는 생각에, 낮엔 일하고 밤엔 그림 그리는 일상이 힘든 줄도 몰랐다. 1년이라는 시간은 금세 흘렀다. 항상 희망을 찾고, 희망을 그리고, 희망을 말하며 보낸 시간이었다.

나는 책을 읽고, 그림을 그리고, 짧게라도 운동과 기도를 하며 즐거움을 느꼈다. 그 네 가지가 없었다면 외로웠던 시간을 견디지 못하고 지금과 전혀 다른 삶을 살고 있었을 것이다. 나는 변화가 필요하다는 생각에 서점에 들러 자기계발서를 골라 읽곤 했다. 그렇게 만난 브라이언 트레이시의《백만 불짜리 습관》은 나에게 성공의 고속도로로 가는 지름길을 알려주었다. 그의 글을 읽으면 문득 이런 생각이 들었다.

'이렇게 가난했던 그가 책도 쓰고 강연도 하는데, 나라고 하지 말라는 법 있나?'

특별한 사람이 꿈을 이루는 줄 알았는데, 꿈을 이룬 사람이 특별한 사람이 된다는 진리를 발견한 것이다. 그래서 나도 당장 특별한 사람이 되기로 결심하고 나만의 드림 프로젝트를 실시했다. 더 열심히 그리는 것도 모자라 작업 과정까지 모두 글로 기록했다. 기도하며, 감정들을 녹여내 창작활동을 했고, 더 많은 시간 집중해서 작업하려고 최선을 다했다. 하루는 너무 순식간에 지나갔다. 그래서 주어진 시간을 더 늘려야 했다. 그래서 생일, 휴일, 주말도 모두 잊고, 먹고 자고 씻는 시간까지 최대한 줄였다.

그렇게 애를 쓰니 예전과는 비교할 수도 없는 엄청난 양의 업무를 처리할 수 있었다. 회사에서도 나는 다른 직원들보다 짧은 시간에 더 많은 성과를 내는 능력을 갖추었다. 보통 8시간에 걸쳐 할 일들을 집중해서 3~4시간 만에 처리해버리고, 나머지 시간은 내가 하고 싶은 일을 했다. 그 당시 내 별명은 번개였다. 시키기가 무섭게 바로 해내버렸기 때문이다. 꾸준히 읽어온 자기계발서를 통해 우선순위대로 일하고, 약점에 주목하지 않고 강점을 더욱 발달시키라는 지침을 시행한 결과였다.

소심하고 겁 많은 철학자 니체는 강해지기 위해 "위험하게 살자"라는 글귀를 벽에 붙였다. 과학자 아인슈타인은 "한 번도 실수를 저지르지 않은 사람은 한 번도 새로운 것을 시도하지 않는 사람"이라고 말했다. 아리스토텔레스는 "일을 하기 전에 어떻게 하는지 배워야 한다. 어떻게 하는지 배우려면 직접 해봐야 한다"고 말했다. 이들은 모두 안정감을 버리고 위험 속으로 뛰어들어 무언가 새로운 일을 직접 경험하며 성장했다.

이처럼 창의력을 기르는 가장 좋은 방법은 새로운 환경에 자기를 노출시키는 것이다. 사람들은 낯선 것과 마주할 때 이전과 다른 방식으로 바라보고 느끼고 말하게 된다. 이런 여러 가지 뇌의 활동 속에서 창의적인 생각의 씨앗이 만들어진다.

작가 루돌프 플레시도 이런 맥락에서 "늘 해오던 방식을 고수할 필요가 전혀 없다는 깨달음이 바로 창의력이다"라고 말했다. 나 또한 실패할 때마다 새로운 방식으로 다시 도전해왔고, 나의 두 번째 아트 엑스포도 예외는 아니었다. 첫 전시에서 얻은 뼈아픈 교훈을 밑거름으로 삼아, 다음 전시는 화가일 뿐만 아니라 갤러리 관장의 마인드로 나를 철저하게 무장하고 싶었다. 나는 기억을 더듬어 작년 토론토 아트 엑스포에서 봤던 작가들의 작품과 겹치지 않은 주제를 택하고, 예술성과 상업성을 섞은 작품을 그렸다. 그리고 나의 준비과정을 칼럼 속 사진과 글로 공개해 계속해서 사람들이 궁금증을 가질 수 있도록 유도했다. 예전에 비해 내가 진정으로 원하는 것을 곰곰이 생각하는 데 더 많은 시간을 보낼 수 있었다.

그리고 작년 컨벤션센터에서 만난 임승연 작가님께 용기를 내어 연락드렸다. 그분은 반가워하시며 전화를 받으셨고 곧바로 만날 약속을 잡았다. 나는 그분의 삶 속에 녹아든 예술적 아우라를 보고 많은 영향을 받았다. 작풍도 좋았지만, 소탈하고 선한 성품까지 갖추신 놀라운 분이었다.

임 작가님은 자신이 직접 디자인한 영화 세트장처럼 멋진 집에 살고 계셨다. 그분은 평면에 입체를 더한 작품을 만드셨는데, 작품들이 멋지게 전시된 집은 더욱 아름답게 느껴졌다. 임

작가님의 멋진 작품과 경제적으로 자유로운 삶은 내겐 꿈과 같았다. 나는 '세상엔 실력도 있고 겸손한 성공한 작가도 있구나'라는 생각에 더 멋진 삶을 꿈꾸게 되었다.

나는 점점 더 많은 예술가분을 알게 되었다. 조각가, 목공예가, 한국화가, 서양화가의 작업실에서 그분들의 작업비화를 듣고 함께 전시를 보러 다니는 삶은 참으로 꿈만 같았다. 그분들에게 진행 중인 작품들을 보여드리니 점점 좋아지고 있다는 칭찬을 아끼지 않으셨다. 나는 아름다운 작품들을 최대한 많이 보며 견문을 넓혔고, 성서와 동기부여가 되는 책들을 탐독했다.

그 결과 많은 것이 달라졌다. 작업실에 파묻혀 순진하게 그림만 그리던 화가에게 전속 매니지먼트가 생긴 셈이었다. 그 결과 내가 다음 전시회에서 무엇을 원하는지 알게 되었다. 그리고 꿈의 끝에서 거꾸로 바라보기로 했다. 나는 세계 최고의 아티스트가 될 것이며 나의 실패담이 언젠가 사람들에게 위안이 되는 희망의 교과서가 되리라 상상했다. 그렇게 결말의 관점에서 나를 바라보며 종이에 내가 다음 전시에 원하는 것을 적어나갔다.

- **전시에 참석할 만반의 준비를 끝내 항상 최단시간에 효율적으로 전시 디스플레이를 마친다.**
- **몰라보게 세련된 모습으로 당당하게 작품을 설명하고 판매한다.**

- **참석하는 아트페어에서 많은 작품을 판매한 화가가 된다.**
- **김새해 아트칼럼을 기고해 예술의 대중화에 기여한다.**
- **전시회 오픈식은 항상 인산인해를 이룬다.**
- **훌륭한 작품을 창작한다.**

내가 적는 일들이 정말 실현될까 하는 생각은 할 겨를도 없이 바쁘게 지냈다. 성공한 사람들의 조언처럼 항상 머릿속에 성공한 장면을 떠올리고 내가 원하는 그 자리에 어떤 모습일지 생생하게 그려보았다. 나는 매일 내가 전시회장에서 어떤 표정과 얼굴로 사람들을 맞이할지를 떠올렸다. 현지인 고객들을 만났을 때도 의사소통은 문제없이 진행하며, 나에게 좋은 이미지를 받은 콜렉터들이 내 그림을 싣고 간다는 좋은 상상만 했다.

단순히 전시비용을 마련하고 작품에만 몰입했던 지난 전시회에 비해, 이번에는 준비할 게 너무나 많았다. 작년 전시에 내가 학교를 갓 졸업한 학생화가에 불과했다면, 올해의 나는 화가이며 동시에 큐레이터, 갤러리 관장, 매니저, 비서, 마케팅 담당자, 브랜드 홍보매니저의 모든 역할을 스스로 했다. 밥 먹고 씻을 시간도 없기에 감각 있는 가족에게 부탁해 메이크업, 헤어, 의상 같은 전반적인 코디를 위임했다.

전시회 당일에 나는 샤워를 하고 미용실에 들러 고급스럽고

프로페셔널한 느낌을 주는 헤어스타일을 바라보며 만족해했다. 전시를 위해 미리 준비한 옷 중 가장 잘 어울리는 의상들을 매칭했고, 정임순 작가님께서 협찬해주신 놀랍도록 아름다운 반지와 목걸이 작품들을 착용하니 몰라보게 다른 사람처럼 보였다. 옷이 날개라고 방금 전까지 책상에서 자판을 두드리던 사무실 여직원이 놀라운 아우라를 뿜내는 아티스트로 변모한 것이다.

나는 준비된 대로 드림 프로젝트를 설명했다. 콜렉터들은 전문적인 나의 브리핑에 빠져들었다. 보통은 지인들에게 판매하는 일반 작가들과 다르게, 작품 중 70퍼센트 정도를 생전 처음 보는 현지 콜렉터들에게 판매했다. 현지인이 아무런 정보 없는 신인작가의 작품을 산다는 것은 보기 드문 일이었다. 이미 그것만으로도 엄청난 성공이었다. 내가 적었던 계획들은 놀랍게도 모두 그 이상으로 이루어졌다.

나는 20대 젊은 작가로 주목받으며, 300명에 이르는 토론토 아트 엑스포 참여 작가 중 가장 많은 작품을 판매했다. 나의 성공적인 활약은 캐나다 '로저스 저팬 TV'에서 방송하기도 했다. 나의 일거수일투족은 주간지 〈리빙 플러스〉에 공개되었고, 마지막 날 주간지 담당자와 인터뷰를 하던 중 작품들 중 가장 가격이 높았던 1.6미터의 대형작품까지 판매되었다. 전시 종료 불과 한 시간 전이었다.

덕분에 작년과는 달리 옮길 게 많지 않았다. 나는 콧노래를 부르며 집기들만 대충 챙겨 이동했다. 그리고 마지막에 판매된 대형작품을 콜렉터의 집에 배달해주며 그의 집을 둘러보았다. 금발 아이 둘이 뛰어노는 아름다운 3층짜리 주택이었다. 내가 그린 화려한 색상의 작품이 잘 어울리는 모습에 나는 행복해졌다. 그리고 내 작품을 향해 "잘 살아야 해"라며 작별인사를 했다. 왠지 좋은 곳으로 보냈다는 생각에 행복했다. 내 작품이 누군가에게 사랑받을 거라 생각하니 너무도 기뻤다.

"세상의 중요한 업적 중 대부분은 희망이 보이지 않는 상황에서도 끊임없이 도전한 사람들이 이루어낸 것이다."

데일 카네기의 말처럼 나는 희망이 보이지 않는 상황에서 끊임없이 도전했고, 결국 이루어냈다. 나는 꿈을 실현하는 과정에서 능력도 중요하지만 실현된다는 강한 확신과 치밀한 계획이 꿈을 실현하는 도구가 된다는 것을 알았다. 그 뒤로도 나는 수많은 버킷리스트를 적은 종이를 가지고 다니다 수시로 읽으며 대부분의 항목을 실천했다. 작가로서의 탁월한 기량을 발휘했고, 사람들과의 소통에서도 전과 비교할 수 없는 성장을 보였다. 그러자 나를 한계 짓던 많은 벽이 무너지고, 그 빈자리에 긍정적인 계획이 쌓였다. 그렇게 원하는 대로 살아가는 삶이 시작되었다.

돈이 나의 자유를 가져다준다

"부자가 되고 싶어 하는 것은 조금도 나쁜 일이 아니다. 돈 자체를 위해서는 돈을 가지고 싶어 해서는 안 되지만 더욱 부유하고 완벽한 인생을 살기 위해 부자가 되고 싶어 하는 것은 칭찬할 만하다."

월러스 워틀스가 쓴《부의 비밀》에 나오는 대목이다.

나는 사랑이 있으면 돈은 필요 없다는 커플을 많이 만났다. 그런 말도 틀린 건 아니다. 그런데 그렇게 말하는 커플들도 몇 년만 지나면 더 이상 견딜 수 없다며 헤어지기 일쑤였다. 한 소설 속 여주인공은 이렇게 이야기한다.

"그는 한 번도 돈을 번 적이 없어. 물론 날 사랑한다고 하지.

하지만 일하고 싶진 않대. 처음엔 견뎠어. 그런데 나는 사랑만 붙잡고 산다고 해도 아이를 생각하니 너무 미안한 거야. 내 아이는 다른 아이들보다 쾌적하지 못한 환경에서 자라겠지. 그래서 아이가 생기기 전에 이혼했어. 새로운 삶을 찾고 싶어서."

그녀의 결정에 돌을 던질 사람이 누가 있을까. 일시적 가난은 견딜 수 있어도 끝이 보이지 않는 가난은 견딜 수 없다. 그녀가 아이와 함께 누리고 싶었던 궁극적인 행복에서 '돈'은 절대 무시할 수 없는 필수 조건이다.

내가 가장 절실히 돈을 필요로 했을 땐 가족이 병원에 입원했을 때다. 그전까지는 고상한 척하며 돈 없이도 살 수 있다고 말하곤 했지만, 사랑하는 가족이 경제적인 이유로 병원에서 강제퇴원 당했다는 이야기를 들었을 땐 피가 거꾸로 솟는 것 같았다. 나는 그때 느낀 감정들을 어찌할지 몰라 벽을 주먹으로 짓이기며 울분을 터트렸다. 이전까지의 나는 사랑만 있으면 돈은 필요하지 않다고 말하는 쪽이었지만, 사랑을 지키기 위해 돈은 반드시 필요하다는 사실을 뼈저리게 느끼게 된 순간이다. 꿈만 있으면 돈은 필요하지 않은 것이 아니라, 꿈을 이루기 위한 도구로서 돈은 꼭 필요하다. 그때부터 더 이를 악물고 살았다. 나는 영혼에 해가 되지 않는 일이라면 무슨 일이든 해서 돈을 벌었다. 투잡이 아니라 포잡이 기본인 삶이었다. 그리고 돈을 벌게 되면서 돈이 원하는 일을 할 수 있는 '자유'를 가져다준다는 사실을 알게 되었고, 돈을 더 벌길 꿈꿨다. 번 돈은 가족의 병원비, 생활비와 자기계발비 등으로 요긴하게 사용되었다.

한국에서 스무 개가 넘는 매장을 관리하는 본사에서 일할 때였다. 지방매장 오픈 준비로 새벽 5시부터 밤 12시까지 일을 해야 하던 시절에는 예술은 꿈도 꿀 수 없었다. 살인적인 스케줄도 모자라 무급으로 일했기에 예술을 향한 열망은 지나가던 개도 웃을 소리였다. 당시 내겐 씻고 자고 먹는 것도 사치였다. 혼자 매장을 보다가 배달음식을 시켜 먹던 중에 몰려온 손님을 상대하다 보면 제대로 먹지도 못했고, 4시간이 지나 그릇을 찾으러 온 배달부를 돌려보내고 나중에 다시 그릇을 찾으러 오게 해야 했다. 매번 배달부를 번거롭게 하는 것이 미안해서 컵라면이라도 먹으려고 물을 부어놓으면, 역시나 끊임없이 손님들이 들어왔고, 컵라면은 다 불어 국물도 남지 않았다. 본사에 연락해보면 회사 상황이 어렵다는 말만 했다. 그 뒤론 빵이나 두유로 끼니를 때웠다. 연중무휴라 휴가는 당연히 없었고, 어쩌다 시간이 나면 자기계발은커녕 잠잘 시간도 모자랐다.

그러다 제대로 돈을 벌게 되니 더 많은 자유를 얻을 수 있었다. 돈을 이용해 내가 잘하지 못하는 여러 가지 일들을 위탁하고 나니 더 많은 시간이 생겼다. 돈으로 시간을 산 것이다. 나는 그렇게 얻은 시간을 이용해 내가 원하는 일들에 몰입했다.

"너는 앞으로도 돈 한 푼 없는 처지를 벗어나지 못할 거다. 너 좋다는 농부라도 있으면 그나마 다행이다."

패션 디자이너 코코 샤넬은 어머니가 세상을 떠난 이후 길러준 이모들에게 이런 악담을 들으며 자랐다. 그럴 때마다 샤넬은 꼭 부자가 되고 성공하겠다고 굳게 다짐했다.

"나는 아주 어릴 때부터 돈 없이는 아무것도 아니고 돈이 있으면 무엇이든 할 수 있다는 사실을 깨달았다. 돈이 없는 여자는 남편에게 의존해야 했다. 돈 없이는 빈둥대면서 어떤 신사가 나타나 나를 발견하길 기다리는 수밖에 없었다."

21세 때도 샤넬은 돈이 자유를 제공해주는 열쇠임을 똑똑히 알고 있었다. 그러나 돈이 자립의 수단일 뿐 그 이상도 그 이하도 아니었다.

"나는 애정 이외에 아무것도 바라지 않는다. 그리고 돈이 얼마가 들든 자유를 사야 했다."

이 말은 샤넬의 궁극적 목적은 '사랑'과 '자유'였고, 이를 위해 돈을 수단으로 사용했다는 뜻이다. 샤넬에게 부자가 된다는 것은 자신이 얼마나 성공했는지를 객관적으로 나타내는 척도일 뿐이었다. 돈은 그녀에게 자신의 새로운 창조물과 디자인이 세상에 파장을 몰고 왔다는 것을 입증하는 수단으로 존재했다.

샤넬처럼 돈으로 자유를 산 사람들은 쉽게 찾아볼 수 있다. 나는 아시아, 오세아니아, 유럽, 북아메리카의 24개국을 돌며 성격과 외양이 모두 다른 수많은 사람을 만나게 되었는데, 부자들과 가난한 사람들의 돈에 대한 태도가 상반된 것이 흥미로웠다.

아랍에미리트나 네덜란드, 미국, 캐나다, 홍콩에서 만난 부자들은 보통 지갑에 돈을 깨끗하게 펴서 넣고 다니는 경우가 많았다. 그런데 중국, 인도네시아, 태국에서 만난 가난한 사람들은 돈을 구깃구깃 주머니에 대충 넣고 다니거나 심지어 남에게 줄 때도 집어던졌다. 당신이 만약 돈이라면 어떤 주인에게 가고 싶겠는가? 두말할 필요 없이 돈을 대우해주는 부자에게다.

지금 상황에 불만족스럽다면 돈에 대한 자신의 태도를 돌이켜보자. 당신이 오늘 경험하는 일들은 당신이 했던 생각들의 결과다. 만약 당신의 잠재의식 속에 돈에 대한 부정적인 감정이 숨어있다면 당신은 현재 돈이 없거나, 소득이 낮을 가능성이 높다. 벤츠 타고 골프를 친다며 부자들을 시기하는 사람들 또한 자신의 태도를 돌아봐야 한다. 많은 돈을 번 사람은 반드시 다른 사람들과 차별화된 뛰어난 부분이 있는 법이다. 그런데 단순히 나보다 돈이 많다는 이유로 욕을 하면 어떻게 그에게서 좋은 점을 배울 수 있겠는가?

정직한 방법으로 많은 부를 이룩한 사람에게는 반드시 배울 점이 있다. 시기심을 느낄 필요는 없다. 그가 정직한 방법으로 잘되었다면 분명 나 역시 정직한 방법으로 잘될 거라고 믿으면 된다. 그러니 습관처럼 부자들을 향해 저주의 말을 내뱉었다면 이젠 바꿔어야 한다. 무심결에 뱉는 저주의 말이 자신을 약하게 한다면 얼마나 불행한 일인가?

천호식품의 김영식 회장은 청년들을 대상으로 한 강연 중 이렇게 말했다.

"정말 벤츠 타기 싫습니까? 정말 골프 치기 싫습니까? '돈 많은 놈들, 골프 치는 놈들' 하고 내뱉는 사람 중에서 벤츠 타는 사람은 한 사람도 없습니다. 벤츠 타고 싶지만 돈이 없어 타지 못한다면, 골프 치고 싶어도 돈이 없어 치지 못한다면 그런 말은 삼가야 합니다. 나는 가난할 때 벤츠 타고 골프 치는 친구들 보면 대단하다고 생각하며 나도 빨리 일어서서 같이 골프 치러 가야겠다고 생각했습니다. 부자가 되고 싶으면 부자를 존경하세요. 닮고 싶은 부자 한 명을 정해 그의 삶을 연구하고 그대로 따라 하는 겁니다. 그리고 '나도 존경받는 부자가 되고 싶다'고 자꾸 외치세요. 나는 지금 벤츠 타고 다니며 골프 칩니다. 그런 제게 욕할 수 있겠습니까? 여러분도 성공해서 벤츠 타고 골프 치십시오.”

나는 이 내용을 접하고 잘되어 나도 돕고, 남도 돕는 사람이 되어야겠다는 결심을 했다. 물론 돈이 없어도 세상을 아름답게 만드는 데 공헌할 수 있다. 그러나 돈까지 있다면 더욱 다양한 방법을 도울 수 있다. 억압된 사람에게 자유를 선물하고, 공부를 원하는 사람에게 기회를 주고, 아픈 이들이 치료받도록 도울 수 있다. 나는 2평 남짓한 고시원에서 지내며 아파도 병원에 가지 못하고 일을 해야 했던 기억이 있었다. 그때 쓰나미 해일로 고통받는 인도네시아 사람들의 소식을 접했다. 내가 겪는 고통은 그들에 비하면 아무것도 아니었다. 나는 며칠간 “어떻게 하면 저들을 도울 수 있을까?”를 고민하다 사랑의 바자회를 설립했다. 사랑의 바자회는 수천만 원의 수익을 만들었고, 수익금 전액은 인도네시아 쓰나미 참사, 파키스탄 대지진, 아프리카의 가뭄, 한국 폭설 등의 자연재해 피해지역의 구호기금과 송탄의 청년 수술 비용, 한국 호스피스 기금으로 사용되었다. 매번 바자회가 끝나면 봉사자들과 함께 간절히 기도했다.

“이 돈이 죽어가는 이를 살리는 아름다운 돈으로 사용되길 기도합니다.”

우리의 기도처럼, 축복을 받은 돈이 돌고 돌아 사람을 살리는 치유의 돈이 되었으리라 믿는다.

“가난하게 태어난 건 당신 잘못이 아니다. 그러나 가난하게 죽는 건 당신 잘못이다”

빌 게이츠의 말이다. 당신이 돈에 초연한 성직자가 아니라면 이제 더 이상 돈이 필요 없다고 말하지 말라. 우리의 인생은 한 편의 거대한 연극 같아서, 돈이 없을 때 다른 사람이나 혹은 상황이 우리에게 맡긴 역할을 떠맡아야 할 가능성이 더욱 커진다. 그러니 돈을 벌어 경제적으로 자유로워지고 스스로에게 역할을 부여하라.

돈에 대한 증오로 인생을 낭비하지 마라. 돈 자체로만 본다면 돈에겐 아무런 죄가 없다. 돈은 하얀 백지처럼 선하지도 악하지도 않다. 돈은 그것을 가진 사람이 어떻게 사용하느냐에 따라 달라지기 때문이다.

그러니 이제 돈을 축복하자. 우리가 사용할 때마다 축복한 돈은 당신이 추구하는 궁극적인 가치들인 나눔, 사랑, 기쁨, 행복 등을 이루어내기 위해 열심히 일하는 충직한 하수인이다.

원하는 것을 종이에 적으면 생기는 일

학창 시절 나는 혼자 그림 그리는 것을 좋아했다. 당연히 책과는 담을 쌓고 살았고, 국어점수 또한 형편없었다. 혼자 있는 시간이 많았던 나는 외로움을 달래기 위해 그림을 그리곤 했다. 이런 시간이 길어지다보니 생각하는 바를 말이나 글로 표현하는 것은 쉽지 않았다. 항상 생각하는 바를 말이나 글로 표현하는 것이 서툴렀다. 그러다 보니 의도한 것과 표현방식이 상대에게 전혀 다르게 전달되어 원치 않는 오해를 받은 적도 많았다. 겉으로는 활짝 웃으며 살았지만 속으론 눈치도 많이 보고 점차 소극적으로 변하게 되었다. 글은 20대 중반부터 해외에 살며 블로그에 한두 줄씩 적은 것이 전부였다. 이런 내가 어떻게 지금은 글을 쓰는 작가, 칼럼니스트가 된 걸까?

칼럼을 쓰게 될 무렵의 나는 오전 6시부터 9시까지 샌드위치 가게에서 일하고, 10시부터 6시까지 사무실로 출근해 일을 했다. 퇴근 후엔 밤을 새워가며 그림을 그리고 있었다. 이런 살인적인 스케줄 속에서 주말엔 미술과외까지 병행했다. 아트페어 참가비와 운송비, 미술재료비용이 천만 원이 넘었기 때문이다. 가정형편이 어려워지고, 부모님은 이혼하시고, 아버지는 편찮으신 힘든 상황 속에서도 낯선 땅에서 꿈을 이루겠다고 아등바등대고 있는 내게 이런 비웃음은 참으로 아픈 상처였다. 날이 잘 선 얼음칼처럼 심장에 콕 박히는 것 같았다. 그러나 거기서 멈추고 싶지 않았다.

나는 민족시인 만해 한용운의 '알 수 없어요'라는 시의 한 구절을 방 벽에 붙여두었다.

"지리한 장마 끝에 서풍에 몰려가는 검은 구름의 터진 틈으로 언뜻언뜻 보이는 푸른 하늘은 누구의 얼굴입니까."

한용운 시인은 푸른 하늘을 통해 희망을 발견했다. 그렇기에 시의 마지막 연에서 "타고 남은 재가 다시 기름이 됩니다"라고 고백할 수 있었던 것이다. 나 또한 푸른 하늘을 보며 새로운 꿈을 꾸었다. 그리고 당시 사용하던 다이어리 귀퉁이에 "나는 쉽고 재미있는 글을 쓰는 아트칼럼니스트"라고 적어두었다. 나폴레

온 힐의 "마냥 원하기만 하는 것과 원하는 것을 받을 준비가 된 것은 다르다"는 말처럼, 매일 책을 읽고 글을 쓰는 연습을 하며 꿈은 분명히 이루어진다는 확신과 함께, 그것이 이루어질 때까지 즐거운 마음으로 기다리는 하루하루는 설렘으로 가득했다.

그리고 곧 한 주간지로부터 내 이름의 칼럼을 연재하고 싶다는 연락을 받았다. 당장 가능하다고 대답부터 했다. 그날부터 나는 점심식사를 하는 대신 간단히 먹을 수 있는 음식을 준비해 사무실에 홀로 남아 칼럼을 쓰기 시작했다. 깨어있는 모든 시간을 자료조사, 글쓰기 연습, 전시준비, 명상과 기도로 보내야 했다. 매주 마감시간에 원고를 넘길 때마다 안도의 한숨을 쉬었다. 그렇게 3년간 단 한 번의 펑크도 없이 70편의 아트칼럼을 적어보냈다. 비록 무급이었지만, 내게 새로운 가능성을 보여준 고마운 시간이었다.

나는 내가 꿈꾸는 이상적인 결혼의 모습을 적어보기도 했다. 오래전부터 적어오던 종이를 꺼내 적어가며, 무려 10년에 걸쳐 나의 배우자상을 구체화시켰다. 그리고 그 과정을 통해 내가 바라는 사람이 꼭 나타날 것이라는 확신을 굳혔다. 내가 적은 이상적인 배우자의 항목은 외모, 성격, 나이, 몸매, 종교, 직업, 가치관 등 100개를 넘어갔다. 심지어 얼굴형과 좋아하는 음식 목록까지 있었다. 아직 나타나지도 않은 배우자를 너무 자세히 묘사한다는 생각은 들었으나 어차피 나만 볼 리스트였기에 마음껏 솔직하게 상상의 나래를 펼쳤다.

그리고 면접 보러 간 회사에서 나를 바라보며 계속 미소를 감추지 못하던 젊고 유능한 면접관과 정확히 8개월 뒤에 결혼했다. 우리는 순식간에 서로를 알아봤고, 내면에 있는 자질과 생각들을 너무도 쉽게 파악했다. 가장 놀라운 것은 무엇보다도 짧은 시간에 서로를 있는 그대로 바라보고 사랑했다는 사실이다. 그는 있는 그대로의 나를 온전히 사랑해주는 사람이었고, 나는 그가 지난 3년간 금요일마다 참석한 밤샘 기도회에서 부르짖던 이상적인 배우자였다.

재미있는 것은 나의 리스트엔 배우자의 키는 적혀있지 않았는데, 그의 리스트에는 "내 아내는 나보다 작아야 한다"는 항목이 있었다고 한다. 나는 우스갯소리로 "아무리 많이 먹어도 왜 키가 안 크나 했더니, 당신이 그렇게 기도해서 그런가봐요"라고 말했다.'

"기도해봐야 아무 소용이 없어. 신은 바빠서 소원들을 들어줄 시간이 없다고."

내게 이런 조언을 해준 사람도 있었다. 그러나 나는 그저 계속 내가 원하는 것만 떠올리고 상상하고 기도했다. 신은 인간이 생각하는 한계를 뛰어넘는 분이기 때문이다. 그가 원하신다면 어떤 상황에서도 반드시 이루어진다는 확신이 있었다. 기적에는 난이도가 없다는 말도 있지 않은가. 그래서 아무 부담없이 이상형 리스트를 적으며 깔깔거렸다. 아마도 신도 내가 기분좋게 10년 동안 완성한 이상형 리스트를 보며 웃지 않았을까? 신은 나를 너무도 사랑해서 내게 쓸모없던 90가지 항목을 지우고, 가장 이상적인 10가지만 남겨두도록 허락하셨다. 당신이 원하는 삶이 어떤 모습인지, 누구와 함께 무슨 대화를 나누며 살고 싶은지 적어 신과 공유해보라. 분명 가장 좋은 때에 가장 좋은 방법으로 이루어주실 것이다. 신은 가장 완벽한 시간에 완벽한 답을 현실로 보여줄 것이다.

유명한 미식축구 코치인 루 홀츠는 28세에 돈이 한 푼도 없는 상태에서 실직을 당했다. 그가 너무 절망에 빠져있자 셋째 아이를 임신한 아내는 그를 위해 데이비드 슈워츠의 《크게 생각할수록 크게 이룬다》라는 책을 그에게 건넸다. 그 책에는 이렇게 적혀 있었다.

"죽기 전에 달성하고 싶은 목표를 지금 당장 적어보라."

루는 이 글을 보고 목록을 적었다. 28세에 백수가 된 그의 목록에는 '백악관 만찬에 초대받기, 투나잇 쇼 출현하기, 교황 알현하기, 노트르담 대학의 수석 코치 되기, 올해의 코치 선발되기, 국내 풋볼 선수권 대회에서 우승하기, 항공모함에 착륙하기, 홀인원 기록하기, 스카이다이빙 해보기' 등이 포함되어 있었다.

그는 백악관에서 로널드 레이건 전 대통령과 함께 사진을 찍었고, 투나잇쇼 진행자와도 사진을 찍었고, 스카이다이빙도 해냈으며, 홀인원을 두 번이나 기록했다. 그는 107가지 목표 중 103가지의 목표를 달성했다.

배우 짐 캐리는 무명 시절의 어느 날 더 이상 이렇게 살 수 없다는 생각에 무작정 할리우드에서 가장 높은 언덕으로 올라갔다. 그리고 그곳에서 수표책을 꺼내 '출연료'라고 적고 스스로에게 천만 달러를 지급했다. 그는 이 수표를 5년 동안 지갑에 넣고 다녔다. 그리고 놀랍게도 정확히 5년이 지나 짐 캐리는 '덤 앤 더머'와 '배트맨'의 출연료로 자신이 예전에 스스로에게 지급했던 금액보다 훨씬 더 많은 1700만 달러를 받게 되었다. 그의 첫 번째 꿈이 이루어진 것이다.

종이에 적으며 소원을 생생히 바라면 비로소 줄 사람이 나타나게 된다. 크리스마스를 떠올려보라. 아이가 한껏 들뜬 채 일기장에 크게 적고 만나는 모든 사람에게 이 사실을 말한다.

"산타 할아버지, 저는 곰 인형을 받고 싶어요."

아이는 크리스마스 날 곰 인형을 받을 확률이 높아진다.

소원을 적는 행위는 신에게 편지를 보내는 것과 같다. 이것은 왠지 어렵게 느껴지는 여러 가지 형식의 기도보다 더 쉬운 방법이다. 자신이 원하는 삶을 떠올리며 꾸준히 실행하는 사람, 좋은 일이 일어날 것을 기대하며 싱글벙글 웃는 사람에겐 반드시 좋은 일이 생긴다. 신은 당신의 소원을 적은 편지를 받고 이렇게 대답한다.

"편지 잘 받았어. 우리 함께 꿈을 이뤄나가자. 이 꿈은 꼭 이루고, 이건 조금 수정이 필요하니 같이 고쳐나가자. 이건 빼버리는 게 좋을 것 같아. 이건 아주 좋은 생각이니 당장 실현시키고, 이건 내년 하반기쯤에 이루자."

삶은 어차피 아껴야 할 것들 천지다. 그러나 다른 건 아껴도 꿈은 아끼지 말자. 꿈이 사치라면 평생 사치하며 사는 것이다. 보이지 않는 것들을 종이에 적으면 그것들은 반드시 모습을 드러낸다. 머릿속에 떠오르는 어떤 꿈이 있는가? 돈과 시간에 구애받을 필요 없이 당장 아무렇게나 적어보라. 써보자. 세상은 당신의 꿈이 실현되길 기다리고 있다.

나의 편견을 허무는 간단한 방법

한국에 있을 땐 어학연수를 가고 싶다고 하다가, 막상 비싼 돈을 들여 외국에 가면 온갖 핑계를 대며 거의 아무런 발전 없이 귀국하는 안타까운 학생들이 있다.

"우리 학교엔 한국 애들이 너무 많아서 영어가 안 늘어."

"한국에서 기본기 있는 애들이나 잘하지. 난 워낙 영어 공부를 안 해봐서 못 해."

나는 20대에 영어를 배우는 데 많은 돈을 들일 수 없었다. 교회에서 하는 몇 번의 무료 영어수업이나 아르바이트 급여로 충당한 일주일에 한 번 개인 교습 외엔, 칼리지 입학 전까지 긴 시간을 독학으로 공부했다. 이를 통해 최소한의 비용으로 영어가

늘게 되는 나만의 공부법을 터득했는데, 이 자리를 빌려 소개하고 싶다. 나는 이 방법으로 돈 들이지 않고 실전영어와 문화체험의 두 마리 토끼를 잡았다.

첫째, 현지인을 찾아 나서자

해외에 나와서까지 왜 한국 사람들이 다니는 장소만 찾아다닐까? 거기서 한두 블록만 걸어가도 한국인을 거의 찾을 수 없는 동네가 분명 있다. 어떤 나라에 도착하든 공부를 하기 위해 갔다면 적어도 10개 이상의 도서관을 가보자. 그중 시설과 주변 풍경, 동네 사람들의 모습을 보고 마음에 드는 곳을 고른다. 참고로 어느 나라나 부자 동네의 도서관이 시설도 좋고, 이용하는 사람들의 태도에서 배울 점이 많다.

어느 곳이든 선택은 당신의 자유다. 마음에 드는 도서관을 두세 곳 고르면 공부 준비는 끝난 것이다. 공부법은 단순하다. 아침에 일어나면 당장 그 동네로 향해 어떻게든 하루 종일 버티는 것이다. 단, 한국어가 쓰여 있는 물건은 그 어떤 것도 가져가선 안 된다. 노트북, 스마트폰은 당연히 금지다. 영어로 된 책 한 권, 차비, 커피와 식사를 위한 최소한의 비용만 준비하라.

처음엔 성과가 없어도 한두 달 정도 가면 낯이 익어 친해지는 사람들이 있다. 그럼 그들과 내일 할 이야기들을 연습하고 나간다. 만나는 사람들에게 기운을 불어넣어주는 짧은 말들이라도 좋다.

"You look good today.(당신 오늘 좋아 보여요.)"

"Good luck.(행운이 함께하길.)"

가서 커피도 한 잔 사 마시고, 도서관에 가서 책도 보고, 놀이터 벤치에서 아이들이 노는 모습도 구경하라. 그러다 동네 종교단체에 가서 게시물들을 살펴보고, 사무실에 방문객이 참여할 수 있는 프로그램이 있는지 물어 참석해보라. 나는 다양한 프로그램이 진행되는 규모가 큰 성당 세 곳을 정해놓고 매일 미사에 참석했는데, 짧은 시간 동안 듣기와 읽기가 상당히 늘었다. 가톨릭의 경우 전 세계가 매일 같은 복음내용을 묵상하므로 정 모르면 한국어 매일미사를 참고할 수 있어 영어공부 하기 아주 좋다.

둘째, 주목받을 곳을 찾아라

나는 젊은 사람들 대상인 현지인 모임에 수차례 참석했는데, 워낙 말은 빠르고 은어가 섞여 있어 온전히 알아듣기 어려웠다. 또한 커피값도 아껴서 꿈에 투자하던 내게 원치 않는 술자리 비용은 부담스러웠다. 그렇다면 방법은 무엇이 있을까? 내 생각엔 언어를 배우려면 일단 튀어야 한다. 사람들이 당신에게 관심을 가지고 말을 걸게 해야 한다. 그렇다면 어떻게 해야 될 수 있을까?

답은 간단하다. 청년이 하나도 없는 모임에 참석하는 것이다. 나는 여러 가지 시행착오를 통해 최소 40~70대의 연령대가 안전하다고 느꼈다. 그런 모임에선 20대 청년이 아무런 말 하지 않고 가만히 있기만 해도 사람들이 주목을 하고 질문도 쏟아진다. 그때 반복되는 질문에 친절하게 대답하면 된다. 어르신들은 착하고 너그러운데다 시간도 많아 어린 이방인의 서툰 영어도 잘 받아준다. 또한 한 번 말씀을 시작하면 천천히 오래 하는 분들이 많아 긴장하지 않고 영어를 배우며 마음까지 나눌 수 있다.

한 예로 나는 뉴질랜드 해밀턴의 여러 성가대 중 중년 기타 연주자 세 분이 계신 성가대에 들어갔는데, 소프라노를 맡아 부르는 유일한 여자였기에 미사 때마다 매번 솔로 파트를 불렀다. 연습에 빠지면 모든 구성원이 내게 연락해오곤 했다. 낯선 땅에서 나를 꼭 필요로 하고, 기다려주는 사람들이 있다는 건 참으로 감사한 일이었다. 당신도 이렇게 당신이 주목받을 현지 모임을 찾아 활동해보라. 생각보다 더 오래 기억되는 추억을 만들 수 있다.

셋째, 세미나·집회·컨퍼런스 등 참여할 수 있는 모든 곳에 참여하라

나는 예수회에서 성서를 깊이 있게 연구한 성직자가 직접 강의하는 성서대학 프로그램, 유학생들을 대상으로 열리는 기독교 집회 뉴질랜드 코스타, 100만 명의 청년이 참석했던 독일의 세계 청년대회, 캐나다 탈북 인권단체 한보이스(Hanvoice), 온타리오주의 캐나다 한인양자회 등에 참석했다. 또한 해변에서 전 세계 재즈 아티스트들이 모여 공연과 함께 강연을 하는 행사도 참여했고, 소수만 초대되는 각종 미술 관련 세미나와 전시 오프닝 갈라 및 도널드 트럼프 회사의 호텔에서 주최했던 세일즈 세미나에도 참석했다.

내가 토론토에서 지낼 때 국제 에이즈 컨퍼런스가 열렸다. 세계 최대의 거부 빌 게이츠와 미국 대통령 중 가장 사랑받았던 빌 클린턴이 참석한 행사였다. 나는 이 소식을 내가 알고 지내던 유학생들에게 알렸다. 그러나 그들은 하나같이 거절했다. 다니고 있는 영어 학원을 빠질 수 없기 때문이었다. 나는 너무 안타까웠다. 큰 무대에서 뛸 계획이 있는 사람이라면 이런 기회들을 절대 놓치면 안 된다. 국제 행사에 많이 참여할수록 몸에 자연스레 국제 감각이 몸에 밴다. 특히 관심 분야에서 국제적인 수준의 유료 세미나가 있다면 무조건 참석하는 것을 권한다. 강사도 강사지만, 참석하는 사람들의 레벨과 집중도가 다르기 때문이다. 하지만 참여하려는 프로그램에 누군가 데려가려는 생각은 금물이다. 누군가를 데려가려다 본인도 못 가게 될 수 있다.

넷째, 한국 음식을 가능하면 끊어라. 그리고 자신만의 요리법을 개발하라

장기간 여행이나 유학을 준비하는 사람에게 한국 음식을 멀리하는 연습을 하고 동시에 간단한 요리를 꼭 미리 배우라고 권하고 싶다. 나는 김치와 국이 없으면 한 끼도 식사를 할 수 없는 토속적인 입맛이었다. 그것 때문에 여행 중 고생했던 기억들만으로도 책 한 권은 쓸 수 있을 정도다.

독일에서 열린 세계청년대회에 갔을 때 나는 처음 마셔보는 탄산수와 아주 짠 소시지 그리고 스틱형 치즈만 배급받았는데, 입맛이 맞지 않아 도저히 먹을 수 없어서 3일을 굶고 나니 아주 맛있게 느껴졌다. 또한 특이한 향이 나는 허브와 이국적인 양념에 익숙해지기 위해 매일 10년에 걸쳐 조금씩 양을 늘려가며 먹는 지독한 훈련으로 이젠 다양한 음식을 즐길 수 있는 경지에 이르렀다.

사람들과 친해지면 함께 음식을 나눌 기회가 반드시 온다. 정 먹기 힘든 음식이 나왔더라도 적어도 예의상 표정에 드러내선 안 된다. 우리 눈에 비빔밥과 된장찌개를 잘 먹는 외국인이 예뻐 보인다면, 그들 눈에도 자신들의 문화가 담긴 음식을 맛있게 먹는 사람이 예뻐 보인다는 사실을 기억하라.

나는 오랜 자취생활로 야매요리의 달인이 되어, 여행하다 만난 한국인들에게 김치를 뚝딱 만들어 선물하는 여유까지 가지게 되었다. 숙소에서 만난 한국 사람에게 혹시 김치 먹고 싶냐고 물어본 뒤 눈을 반짝이며 고개를 끄덕이면 한 접시씩 나눠줄 때도 있었다. 한국에선 별거 아닌 김치겠지만, 외국에서 몇 달간 김치 구경도 못 해본 사람에게 갓 무친 겉절이 김치는 평생 잊지 못할 감동을 선물한다. 심지어 김치를 먹으며 우는 사람도 봤다. 요리를 잘할 필요는 없다. 대충이라도 빨리 해먹을 수 있는 자신만의 노하우를 가지면 장기 해외 체류할 때 정말 행복하다. 이 세상 누구나 좋아했던 나만의 소스 비결은 간장, 설탕, 참기름이고, 김치를 담글 때의 나의 비법은 배추에 소금을 뿌려 절이고 거기다 액젓 약간, 고춧가루, 설탕, 마늘을 넣으면 끝이다. 향수병으로 꼭 먹고 싶을 때나 타국에서 만난 친구들끼리 각자 음식을 해오는 포트락 파티 등에 초대될 때를 대비해 나만의 레시피를 가지는 건 필요한 일이다. 모든 음식은 라면 끓이는 것처럼 뚝딱 만드는 습관을 들여라. 요리하러 해외에 간 것은 아니기 때문이다. 그러므로 모든 음식은 라면 끓이는 것처럼 뚝딱 만들 수 있도록 자신만의 노하우를 개발하면 편하다.

다섯째, 모두가 스승이다

내가 가지고 있는 마음의 벽을 허물기까지는 많은 시간이 걸린다. 그렇기에 해외에 가기 전 다양한 종교, 인종, 직업들에 대해 마음을 열어주는 책들을 미리 읽어두는 편이 좋다.

지역마다 고유의 특성이 있는데 크게 나누자면 소수민족들이 사는 곳, 학생들이 사는 곳, 노인들이 사는 곳, 부자들만 사는 곳, 범죄가 자주 발생하는 곳 등이 있다. 종교와 성적 취향, 직업, 인종이 다른 사람들과 대화하면 대화 주제가 풍부해져 많은 것을 배울 수 있다. 나는 가리지 않고 아르바이트를 해야 했고 많은 지역을 이사다녀야 했기에, 다양한 지역을 경험하고 많은 사람들을 만날 수 있었던 것이 행운이라고 생각한다.

시간이 난다면 가능한 모든 곳을 방문해보라. 이 세상에 다양한 사람들이 살고 있음을 직접 느낄 수 있다. 한 예로 우연히 버스를 잘못 타서 성소수자들이 머무는 동네에 내리게 되었다. 그때 편안하게 담소를 즐기는 머리 희끗한 70대 남성 성소수자들의 모습과 우범지역에서 노는 귀여운 아이들을 보며 부끄러움을 느꼈다. 한때는 손가락질당하며 사람 취급도 받지 못했던 성소수자들이 차를 마시며 나누는 대화와 표정은 더없이 온화했다. 내가 방문했던 우범지역에 위치한 성당은 너무도 조용했고, 영어를 못하는 소수민족 사람들이 그들의 언어로 기도하는 모습이 너무나 경건하고 아름다웠다.

나는 점차 노인, 어린이, 노숙자들과 친구가 되어 이야기를 나누곤 했다. 특히 매일 같은 장소로 나오는 노숙자들과 친해졌다. 그래서 틈날 때마다 빵과 과일을 나눠주었고, 감사하다며 환하게 웃는 모습을 보면 행복해졌다. 그래서 아침에 아르바이트에서 먹을 도시락을 싸면서 양껏 준비하던 기억이 난다. 그렇다고 꼭 먹을 것을 준비해갈 필요는 없다. 힘든 삶을 사는 사람들에게 당신의 미소를 보여줄 수 있다면 그것만으로도 큰 위안이 될 수 있다.

나의 노숙자 친구들은 내 정리되지 않는 말도 귀담아 들어주고, 항상 나와 가족들에게 행운이 깃들기를 빌어주는 천사였다. 이러한 만남이 반복되면서 나는 어떤 사람을 만나도 그 사람을 존재 그 자체로 바라보는 연습을 하게 되었다.

어떤 삶을 살든 모든 사람은 똑같은 사람이다. 진심을 가지고 대하면 누구나 친구가 될 수 있다. 《논어(論語)》의 〈술이편(述而篇)〉에는 '삼인행 필유아사(三人行 必有我師)'라는 말이 있다. "세 사람이 같이 길을 걸어가면 반드시 내 스승이 있다"는 뜻이다. 누구든 배울 점이 있으니 좋은 것은 본받고 나쁜 것은 고치면 그만이다. 이처럼 모두가 스승임을 인정하고 배우는 자세로 만난다면 이 세상 어디를 가도 지혜만 얻을 것이다. 이런 의미에서 지구의 모든 사람은 어쩌면 우리의 스승으로 온 것인지도 모른다.

여섯째, 지금 당장 일해라

부모의 돈은 자녀의 돈이 아니다. 자녀가 고등학교를 졸업할 때까지 길렀다면, 자녀는 부모에게 더 이상 아무것도 바라지 말아야 한다. 한 독일 부모님은 아이가 태어날 때부터 사용한 모든 비용을 노트에 적어 기록으로 남겼다. 영수증으로 가득한 그 노트는 아이가 20세가 되는 날 받게 될 청구서라고 한다. 이런 부모를 만나지 않았다면 당신은 행운아다. 그러니 이젠 성인답게 독립적으로 살아라. 젊은 시절 최대한 많은 일을 경험해보라. 그래야 자신에게 맞는 일이 무엇인지 알 수 있다.

자녀가 20대 후반이 되었을 때 대부분의 부모는 돈을 벌기보다 돈을 내는 경우가 많아진다. 그때부터 자녀는 부모의 치아 상태를 확인하고 정기검진을 해서 부모의 건강을 철저히 체크하는 게 좋다. 가능하면 빨리 돈을 벌어 자신의 꿈을 이룰 자금과 어느 날 갑자기 청구될 부모의 병원비를 확보해라.

많은 경험과 돈을 버는 경험을 모두 할 수 있는 건 해외취업이다. 해외에서 아르바이트를 구하는 이들에겐 내 경험을 토대로 세 가지를 조언하고 싶다.

첫째, 고객의 연령대, 인종, 지적수준, 입지를 파악하라. 나는 부유한 백인들이 주 고객인 고급 양로원, 장례식장 근처에서 일해봤는데, 노동이 힘들고 최저시급을 받았지만 짧은 시간 멋진 영어가 가장 많이 늘었고 고객들도 매너가 있어 일하기 쉬웠다. 영어가 짧거나 혹은 개인 사정으로 한인업소에서 일해야 한다면 가능하면 한인고객이 적거나 없어서 영어에 노출되는 환경으로 가라.

둘째, 함께 일하는 직원들의 성향을 알아보라. 가족보다 더 오랜 시간을 보내는 게 직장동료들이다. 하루 종일 부딪혀야 하니 가능하면 마음이 맞는 사람들이 있는 곳에서 일하라.

셋째, 사장의 인성을 파악하라. 면접은 쌍방이 다 보는 것이다. 면접만 보러 가지 말고 사장의 인간됨을 파악하라. 오라는 데마다 다 가는 것은 어리석은 일이다. 가능하면 아이들이 있고 부부가 함께 일하는 곳에서 일하는 게 성희롱에 노출되지 않을 팁이다. 또한 정식 비자 없이 일하는 경우 단체 활동을 열심히 하는 사장을 만나라. 내 지인은 부당하게 임금을 받지 못할 위기였는데, 아무리 요구해도 절대 임금을 주지 않던 사장이 소속 단체에 알린다고 하니 바로 전액을 내주었다고 한다. 세상엔 좋은 사람도 많으니 굳이 나와 맞지 않는 힘든 사람과 꾹꾹 참아가며 일할 필요는 없다. 나는 당신이 자신의 빛을 감추지 않아도 되는 곳에서 일하면 좋겠다.

일곱째, 혼자 다녀라

혼자 다니면 기회가 엄청나게 많아진다. 하루 종일 휴대폰이나 컴퓨터 없이 혼자 다녀본 적이 있는가? 심심해 죽을 지경이다. 그러나 이 정도로 심심해야 처음 보는 사람에게 서툰 영어로 대담하게 말 붙일 용기가 생긴다. 처음 보는 사람들과 적극적으로 소통하는 습관이 몸에 배면 취업을 앞두고 면접관 앞에서도 긴장하는 모습보다는 여유로운 모습을 보일 수 있다. 실제로 혼자 다니며 익히게 된 적극적인 소통능력 때문에 유엔과 일류 호텔, 백화점 등에서 일하게 된 사람들이 많다. 혼자 다니면 또 얻는 것이 있다. 이 세상에 기댈 사람이 자신밖에 없음을 알게 될 것이다.

여덟째, 현지인이 주관하는 투어에 참석하라

해외청년들을 대상으로 하는 여행 패키지에 참여하라. 내가 이용했던 '컨티키 투어'는 35개국 이상의 만 18~35세의 젊은이들이 한 팀을 이뤄, 짧게는 3일에서 길게는 45일까지 다양한 나라를 여행하며 레저 활동 및 현지 문화체험 등을 즐기는 다국적 배낭여행 프로그램이다. 여행지에 따라 8~50명이 한 팀을 이루게 되는데, 보통 한 투어당 6~15개의 서로 다른 국적을 가진 젊은이들이 함께 여행을 떠난다.

현지 여행 전문 가이드인 컨티키 투어 매니저 외에도 운전기사와 요리사 등이 동반하는데, 유럽의 투어 매니저는 영국·유럽·뉴질랜드·호주인 등 다양한 국적의 사람들이고, 미국·호주·뉴질랜드·아프리카의 투어 매니저는 현지인들로 구성돼 있다. 모든 의사소통은 영어로 이뤄지기에 생존영어가 늘 수밖에 없다.

여행 중엔 부담 없고 안전해 보이는 한입거리 음식들(예를 들면 사탕, 껌, 초콜릿)을 적재적소에 활용하라. 아무 때나 뿌리라는 것이 아니다. 참고로 내가 뉴질랜드의 얼음 빙벽을 등산할 때 춥고 배고파 기진맥진한 상황이었을 때, 한 이스라엘 친구가 내게 준 작은 초코바를 먹고 감동했던 기억을 아직도 잊지 못한다. 당신 또한 그렇게 저비용으로 기억에 남는 사람이 되어라.

또한 자신이 어떤 사람인지를 한눈에 나타내는 포트폴리오를 가지고 적극적으로 대화하는 것이 좋다. 나 같은 경우 휴대전화에 내 작품 사진과 아트 칼럼, 모델 활동, 한국 대표로 독일에서 100만 명이 모이는 행사에 한복을 입고 라인강을 돌며 봉사하던 사진들이 있었다.

거창하게 느껴지지만 막상 해보면 정말 쉬운 것들이다. 그러니 무작정 시도해보라. 이 방법들과 현지 홈스테이까지 함께 한다면 6개월에서 1년의 해외생활만으로도 충분히 영어공부와 문화체험을 다양하게 경험할 수 있다. 단기 어학연수 등의 유학 시장에 몸을 맡겨봐야 큰 수확을 기대하기 어렵다. 물살에 몸을 맡겨 정처없이 떠도는 물고기는 죽은 물고기다. 성인이라면 더 이상 남이 정해준 대로 살지 마라. 지금 있는 곳에서, 지금 가진 것만으로 최대의 효율을 얻을 방법을 고민하라. 흐르는 강물을 거꾸로 오르는 힘찬 연어처럼 목표를 향해 돌진하라.

처음부터 찬란한 미래가 보장되진 않았다

통계청의 2021년 사회조사 결과에 따르면, 우리나라 국민 10명 중 9명 정도가 자신의 사회·경제적 지위를 중산층 이하라고 생각하는 것으로 나타났다. 이 중에서도 자신이 '중하층', '하층'에 속한다고 생각하는 사람은 47.5퍼센트다. 하류층에서 중산층으로, 중산층에서 상류층으로 올라설 수 있다는 희망도 작아졌다. 열심히 노력해도 계층 이동이 어려울 것이며, 자녀의 사회적 지위가 자신보다 높아질 것이라고 기대하는 부모도 줄었다.

세계적으로 빠르게 고령화 사회에 진입하고 있는 우리나라지만, 통계청의 2021년 노후준비 방법조사 결과에 따르면 국민연금만 있다는 국민이 60퍼센트, 사적 연금 등 따로 준비한다는 응답은 고작 4퍼센트에 불과했다.

사람들은 경제가 악화되고 있다는 뉴스를 듣거나 집안에 문제가 생기면, 극복할 수 있을 거라는 마음보다는 부정적인 생각에 빠지기 쉽다. 그래서 생존이 목표가 되어 살아간다. 그러나 중요한 건 지금 눈에 보이는 상황이 전부가 아니라는 점이다. 우리는 최고의 삶을 기대하고, 최고의 축복을 바라야 한다. 시련을 통해 성장하고, 넘어져도 다시 일어서고 끝까지 포기하지 않아야 한다.

넬슨 만델라 대통령은 엄청난 난관을 극복한 대표적 인물이다. 그는 이렇게 말했다.

"용기 있는 사람은 두려움을 느끼지 않는 사람이 아니라, 두려움을 이기는 사람이다"

이 말처럼 두려움을 이겨내고 스스로 기적이 되는 삶을 선택한 한 남자가 있다. 스타니슬랍스키 레히는 단지 유대인이라는 이유로 나치 일당에게 둘러싸여 눈앞에서 사랑하는 가족들이 죽어가는 모습을 지켜보며 밤마다 악몽에 시달렸다. 아들이 죽은 후 가스실에 흩어진 죽은 아들의 옷가지를 보는 끔찍한 일도 겪었다.

어쨌든 그는 살아남았다. 그리고 자신을 둘러싼 악몽 같은 세상 속에서 피할 수 없는 현실에 직면했다. 그곳에 머무르면 그도 꼼짝없이 죽을 운명이었다. 그래서 방법은 전혀 모르지만 반드시 탈출해야 한다는 생각으로, 몇 주일 동안 다른 포로들에게 물었으나 항상 같은 대답을 들었다.

"탈출 따위 꿈도 꾸지 마. 바보 같은 짓이야."

그러나 그는 그 질문 대신 끝없이 이렇게 질문을 던졌다.

"어떻게 하면 이곳에서 오늘, 건강하게, 살아서 나갈 수 있을까?"

그는 마침내 답을 얻었다. 해답은 생각하지 못했던 이상한 방법으로 그를 찾아왔다. 그가 일하는 작업장에서 얼마 떨어지지 않은 곳에서 가스실에서 죽은 수많은 시체가 트럭에 던져지고 있었다. 그는 시체를 바라보며 "신이 왜 내게 이렇게까지 하는 걸까?"라고 한탄하지 않았다. 대신 "어떻게 하면 이 기회를 이용해 탈출할 수 있을까?"라는 질문을 던졌고, 즉시 해답을 얻었다.

하루 일과가 끝나고 작업자들이 막사로 돌아가는 어느 날, 그는 트럭 뒤에 웅크려 숨었다. 그리고 재빨리 옷을 모두 벗어던지고는 아무도 눈치채지 못하게 시체 속으로 몸을 숨기고 죽은 사람처럼 꼼짝하지 않았다. 잠시 뒤 그의 몸 위로 썩은 시체들이 쏟아져 내렸다. 뻣뻣하게 굳은 시체들이 그의 몸 아래 위 사방을 둘러싸며 고약한 냄새를 풍겼다.

그는 미동도 하지 않은 채 트럭의 출발을 기다렸다. 시체 더

미에 눌려 압사할 지경이었지만 그는 그 안에서 희망이 솟구쳐 오르는 것을 느꼈다. 곧 트럭이 덜컹거리며 움직이기 시작했고, 그는 수용소 밖에 엄청난 크기의 구덩이 안으로 수십 구의 시체와 함께 버려졌다. 그는 밤이 될 때까지 그 속에서 기다렸다. 그리고 주위에 사람이 없는 것을 확인한 뒤 알몸으로 40킬로를 달려 자유를 찾았다.

스타니슬랍스키와 집단수용소의 포로들에겐 어떤 차이점이 있었을까? 물론 많은 요인이 있겠지만 한 가지 분명한 차이점은 그는 탈출하고자 하는 희망을 품었다는 것이다. 그는 희망을 현실로 이루기 위해 끊임없는 질문을 던졌고, 결국 결단을 내리고 자신의 운명을 바꿀 수 있도록 행동했다.

중동에 사는 한 소녀의 이야기도 나누고 싶다. 한 보고서에 따르면 소녀는 사랑이 없는 가정에서 학대받고 방치되어 살아왔다. 그곳에서 계속 살게 된다면 소녀에게 장밋빛 미래는 존재할 수 없었다. 결국 소녀는 10대가 되어 비참한 가정환경을 당국에 고발하고 말았다. 그리고 작은 마을의 어려운 아이들을 돕는 싱글맘에게 입양되어 사랑받으며 모범생으로 성장했다. 나중에 소녀는 같은 마을의 학생들과 함께 국영 텔레비전 토크쇼에 초대받았는데, 그곳에서 꿈과 목표에 관한 질문이 나오자 서슴없이 이렇게 대답했다.

"제 꿈은 하버드 대학을 나와 저같이 어려운 아이들을 돕는 것입니다."

며칠 후 소녀는 텔레비전에서 소녀를 봤다는 한 사람에게 전화를 받았다.

"혹시 하버드 대학 말고 예일 대학에 장학생으로 들어올 생각은 없나요?"

그녀는 터질 듯한 기쁨으로 그렇다고 답했다. 그녀는 예일 대학을 졸업해 자신의 꿈을 이루기 위해 사회에서 활동하고 있다. 그녀는 억눌린 삶 속에서 철저히 부당한 대우를 겪었고, 미래조차 희미했다. 그러나 어떤 시련 속에서도 희망을 품었고, 결국 희망이 되어 자신처럼 어려운 환경에 처한 아이들을 돕고 있다.

이 글을 쓰며 나의 삶을 돌아본다. 어려워진 가정형편으로 고등학교를 졸업하고 한순간도 쉬어본 적이 없었다. 주중 저녁과 주말까지 송두리째 바치며 일했다. 20대에만 15번 이사하며, 30개의 직업을 전전하며, 거주 국가는 4번 바뀌었다. 해외에선 정식 비자 없이 일하는 외국인노동자였다. 20대의 대부분을 사회적 약자로 지냈다. 약자의 눈으로 바라본 세상은 참 불공평했다. 그러나 항상 꿈과 희망을 놓치지 않고 직장을 다니며 틈만 나면 창작활동을 하며 화가, 칼럼니스트, 강연가로 활동할 수 있었다.

결혼한 지 8개월 만에 임신과 동시에 신장에 무리가 가서 건강이 지속적으로 악화된 기억도 있다. 몇 달 뒤엔 스스로의 힘으로 걷지 못했고, 눈까지 보이지 않았다. 당시 내가 기록한 태교일기는 투병일기처럼 처절했다. 밤이면 멈추지 않는 기침과 구토, 끊임없는 악몽과 환청으로 한시도 쉴 수 없는 두려움에 휩싸여 제발 해가 지지 않기를 바라며 벌벌 떨었다. 나보다 심한 증상을 가진 신장병 환자들은 임신 중에 사망하는 경우도 있다고 했다. 다행히 투석을 받으며 임신을 유지할 상태는 아니었지만, 몸과 마음 모두 완전히 탈진하고 말았다.

죽음이 다가온다는 생각을 쉽게 떨칠 수 없었다. 그러나 뱃속에서 자라나는 아기와 곁에서 함께 울어주던 남편에게 희망의 증거가 되고 싶었다. 그래서 내가 매일 감사하며 기쁜 마음으로 살고 있다는 글을 조금씩 써내려갔다. 이를 계기로 언젠가 꿈꾸던 '내 이야기를 책으로 쓰자'는 버킷리스트를 떠올렸다. 이 꿈은 아기가 돌이 지났을 때 첫 책을 출간하며 이루어졌다. 매일 새벽 3~4시, 밤을 새우고 독서실에서 집으로 오는 길에 하늘에 총총 떠있던 별들은 항상 나를 응원해주었다. 별빛을 바라보며 몸은 피곤했어도 항상 마음은 날아갈 것처럼 행복했다. 당신이 보고 있는 이 책은 아기를 재우고 밤을 새워가며 집 근처 독서실에서 추위와 싸워가며 써낸 결과물이다.

나는 고통으로 얼룩진 지난 시간을 이해할 수는 없다. 피할 수 있다면 피하고 싶을 정도로 처절했던 시간이었다. 그러나 지금까지 노력한 세월과 항상 힘을 주는 하늘을 믿었다. 그리고 신의 오묘한 섭리 안에 내 삶의 조각들이 이어져가는 것을 바라보며 감사한 마음을 감출 길이 없다. 지난날 나는 너무 힘들어 삶을 포기하고 싶었다. 그러나 포기하기보다 삶을 온전히 하늘의 손에 맡기기로 결심했다. 그러자 신은 실패작 같던 나의 지난 시간을 신의 숨결이 담긴 걸작으로 바꾸셨다.

삶을 얼마나 살았는가보다 얼마나 진정한 나로 살았는가가 더 중요하다. 그렇기에 힘든 현실에서도 가슴 뛰는 삶을 추구해야 한다. 누구에게나 희망은 온다. 그러나 희망이 처음부터 찬란하게 오는 것은 아니다. 그러니 당신의 희망이 작아 보인다고 신을 탓하지 마라.

"신이 내게 기적을 주시지 않는다면, 내가 다른 누군가의 기적이 되면 됩니다. 나는 이를 통해 더 풍요롭고 온전한 삶의 길로 들어갑니다."

팔다리가 없이 전 세계 사람들을 위로하는 닉부이치치의 말을 떠올리자. 나는 이 말을 당신에게 이렇게 들려주고 싶다.

"신이 내게 희망을 주시지 않는다면, 내가 다른 누군가의 희망이 되면 됩니다. 나는 이를 통해 더 풍요롭고 온전한 삶의 길로 들어갑니다."

지금 이 순간에도 당신이 당신의 삶을 만들어가고 있다. 당신이 지금 어떤 처지에 있다고 해도 희망을 간직하고 희망을 기대하고 희망을 노래할 자격이 있다.

이 세상에서 가장 훌륭한 아군

10대의 나는 하루 빨리 20대가 되고 싶었다. 그런데 막상 20대가 되니 할 수 있는 건 아무것도 없었다. 학생이란 이름으로 용서되던 많은 일이 더 이상 통하지 않았다. 그러나 나는 희망이라는 아군만 믿고 도전했다. 처음부터 가진 것이 없었기에 잃을 것도 없었다.

무슨 일이든 시작하고 시작한 일들을 마무리 짓기 위해 많은 노력을 기울였다. 아르바이트생에서 정직원이 되고, 그리고 1인 기업가에서 사업가가 되었을 때도 변한 건 없었다. 언제나 그렇듯 덜 자고 더 많이 움직였다. 원하지 않는 일이라도 즐거움을 찾으려고 안간힘을 썼고, 빨리 끝내는 기술을 터득해 적은 시간에 더 많은 성과를 냈다.

이렇게 14년이 지나니 어느 분야든 내 시대가 열렸다. 어떤 환경에서도 빛을 찾아내는 능력이 인정을 받아 사람들이 듣고 싶어 하는 다양한 스토리를 가진 메신저가 된 것이다.

어느 날 강연을 갔을 때 만난 한 대학생은 내 책에 사인해달라며 이렇게 말했다.

"원하는 일 하면서 사는 대표님이 부러워요. 그렇지만 전 아르바이트로 너무 바빠 꿈을 이룰 시간이 없어요."

그는 아르바이트로 학비를 벌며 학교를 다닌다고 했다. 나는 이렇게 되물었다.

"여자친구 있어요?"

나의 질문에 그의 얼굴에 화색이 돌았다. 그는 최근에 여자친구가 생겼으며 아무리 바빠도 매일 통화하고 2주에 1번은 꼭 만난다고 했다. 나는 그에게 이렇게 말했다.

"꿈에게도 똑같이 해주세요. 바빠도 매일 꿈을 상상하고 2주에 1번은 꿈을 실현하세요. 아침저녁으로 꿈을 이룬 자신의 모습을 생생히 그리세요. 그러면 꿈은 반드시 현실이 됩니다."

그의 얼굴은 환하게 변했다. 관점의 전환으로 현실에 가려진 꿈을 다시 보게 되었던 것이다.

나는 그의 모습에서 지난날의 내 모습을 보았다. 나는 부족한 시간 속에서 누구보다 많은 시도를 했지만 결과는 참담했다. 엄청나게 많이 실패했다. 그러나 실패 속에서 교훈을 얻어 시간을 단축시키는 방법을 발견했고, 결국 빨리 성공했다는 주변의 평가를 받았다. 내가 빠르게 성공하는 방법을 발견한 이유는 단순하다. 누구보다 절박했기 때문이다. 에이브러햄 링컨은 이렇게 말했다.

"할 수 있고 하게 될 것이라고 판단하면 그 방법을 찾을 수 있다."

스물두 살 때 집을 떠난 링컨은 뱃사공, 가게 점원, 장사꾼, 우체국장, 측량기사 등으로 일하면서도 책을 손에서 놓지 않고 지독한 열성으로 주경야독했다. 스물다섯 살 때 법조인이 되기로 결심한 이후에도 링컨은 철저하게 독학을 할 수밖에 없었다.

성공하겠다는 굳은 결심과 의욕, 그리고 엄청난 지식욕과 독서욕을 통해 매일 꿈을 이루는 순간을 생생히 그렸다.

"나무를 베는 데 한 시간이 주어진다면, 도끼를 가는 데 45분을 쓰겠다."

이렇게 지독한 열성으로 주경야독하며 변호사가 되었다. 그는 나중에 법조인을 지망하는 젊은이에게 이렇게 조언했다.

"책을 구해서 읽고 공부하게. 책을 이해할 줄 아는 능력은 어디서나 다 똑같네. 성공하고야 말겠다는 결심이 그 무엇보다 중요하다는 것을 늘 마음에 새겨두게."

그러나 링컨은 지방에서 하찮은 사건만 맡으며 수임료 수입도 변변치 않은 변호사 생활을 해나갔다. 링컨은 1855년 6월 특허권 분쟁에 관한 중요한 소송에서 변호인단 일원으로 참여했는데, 같은 측 변호사들은 링컨을 비하하고 무시했다.

"허름한 행색에 발목까지 내려오지도 않는 바지를 입고, 우산을 든 볼품없고 깡마른 꺽다리 촌놈."

"왜 저 긴팔원숭이가 끼어있나."

그러나 1861년 대통령 당선 이후 링컨은 공화당 인사들의 반대를 무릅쓰고, 변호사 시절부터 자신을 무시해온 정적 스탠턴을 남북전쟁 당시 국방장관으로 임명했다. 링컨은 스탠턴이 정직하고 엄격하며 원칙을 밀고 나가는 스타일이라는 걸 잘 알고 있었고, 스탠턴은 과연 링컨의 기대대로 남북전쟁을 승리로 이끄는 데 큰 역할을 했다.

그 결과 링컨은 미국의 노예해방을 시킨 위대한 대통령으로 역사에 남았다.

나의 20대 또한 도끼를 한 번 제대로 휘둘러보지 못했다. 항상 지루하게 날을 갈며 보내는 시간이 많았다. 그러나 불평하면서 시간을 보내고 싶지 않았다. 할 수 있는 유일한 일이란 남보다 배를 뛰어넘는 노력과 시간을 들이는 것뿐이었다. 남보다 덜 고생하는 방법 따윈 생각하지 않았다. 직장을 다니며 꿈을 이뤄야 했기에 남들이 보내는 24시간을 48시간으로 만들어 쓰는 방법을 연구했다. 이동시간엔 항상 책이 있었고, 먹으며 생각했고, 맡은 일을 집중해서 빨리 끝내고 하고 싶은 공부를 했다. 듣고 싶은 명사의 메시지를 들으며 나도 지친 청년들에게 힘을 줄 수 있는 긍징적인 메시지를 전달할 것이라고 다짐했다.

모든 좋은 문구나 강의는 특히 일어나자마자 그리고 잠들기 전에 집중적으로 들었는데, 무의식 속에 강력한 힘을 불어넣기 위함이었다. 그렇게 지내며 많은 것이 변했다. 언제 어디서나 희망을 말하고, 희망을 노래하고, 희망을 찾고, 희망을 전하는 초긍정형 인간이 된 것이다.

'나'라는 무한한 잠재력의 거대한 회사를 경영하는 최고 경영자로서, 항상 긍정적으로 생각하려고 안간힘을 썼다.

그러자 '나만 실패했어'에서 '누구나 실패를 해'로 변했다.

'욕까지 들어서 기분이 나빠'에서 '욕을 먹어야 맷집이 좋아져'로 변했다.

'기회를 놓쳤어'에서 '기회는 또 올 거야'로 변했다.

'난 항상 실수하는구나'에서 '이번엔 실수했으니 다음엔 더 잘할 거야'로 변했다.

부정적인 말을 하는 사람들은 의식적으로 피하라. 그리고 긍정적이고 낙관적인 사람들 속에서 힘을 얻어라. 아무리 노력해도 유난히 삶이 힘겨울 때가 있다. 누구에게나 한 번쯤 꿈도 희망도 다 필요 없이 그저 며칠만 쉬었으면 좋겠다는 생각이 간절할 때가 온다. 이럴 땐 쉬어야 한다. 휴식이든 잠이든 충전이든 무엇이라도 원한다면 누려야 한다. 그렇게 며칠 쉬고 나면 다시 꿈이 스멀스멀 고개를 드는 것을 느낄 수 있을 것이다. 그럼 이제 다시 시작할 시간이다.

힘들다고 느낄 때 이렇게 말해보자.

"그래, 하기 싫고 힘들어. 그럼 하지 않아도 괜찮아. 그런데 말이야. 후회하지 않을 자신 있어?"

이렇게 물어보고 나면 왠지 하고 싶다는 마음이 어디에선가 튀어오를 것이다. 그때 이렇게 크게 외쳐보라.

"아, 몰라. 생각하지 말고 그냥 하자. 별거 아니야. 그냥 해버려. 그래, 나는 할 수 있어!"

삶이 당신을 벼랑 끝으로 몰고 갈 때 당장 거울을 보자. 그리고 거울 속에 비친 자신을 가리키며 이렇게 말해보자.

"날 일으켜줄 단 한 사람은 바로 너야. 오늘 하루도 힘내자."

매일 자신의 눈을 바라보며 이렇게 격려한다면 당신의 삶은 분명 몰라보게 달라지게 된다.

똑똑하다고 살아남을 수 있는 세상이 아니다

유학생들이 누구나 꿈꾸는 하버드는 그 이름만으로도 인정을 받는 세계 최고의 교육기관이자 명실공히 글로벌 리더의 산실이다. 하버드에는 학생들을 세계적으로 주목받는 인재로 키우는 그들만의 자기관리법이 따로 있다고 한다. 과연 세상을 움직이는 하버드 스타일은 과연 어떤 것이며, 그 힘은 어디서 나오는 것일까?

여기서 말하는 최고 엘리트란 밝고 건강하고 의욕이 넘치고 자신보다 못한 사람을 돕고 이끌어야 한다는 사명감을 가진 청년을 말한다. 공부만 잘하는 학생은 외면당한다. 신입생을 선발할 때도 사회에 빛이 되고 싶어 하는 잠재력을 가진 학생을 우선한다. 빌 게이츠가 그랬던 것처럼 자신도 성공하고 세상도 변화시키며 더 많은 사람에게 성공의 기회를 줄 수 있는 인재를 키워내려는 것이다.

하버드 대학은 입학하기가 점점 어려워지고 있다. 공부는 당연히 잘해야 하고, 학생회장이나 봉사활동을 통해 리더로서의 자질도 키워야 하며, 악기 하나쯤 높은 수준으로 연주하고, 스포츠까지 잘해야 한다. 글쓰기는 기본이고 거기에 뭔가 남다른 경험이나 재능이 있어야 한다. 고등학생이 이렇게까지 다양한 활동을 하려면 얼마나 철저한 자기관리가 되어야 할까?

이런 학생들이 지원하는 만큼 하버드의 학생 선발은 과학을 넘어 예술의 경지에 올랐다. 객관적인 수치를 기준으로 하는 것이 아니라, 수치로 환산할 수 없는 점까지 고려하기 때문이다. 하버드의 입학사정 과정에 참가한 교수에 따르면 SAT 성적이나 학교성적 외에 추천서와 자기소개서, 에세이를 쭉 읽어보고 나면, 잠재력·가능성·성격·특성 등을 포함해 '이런 학생이군' 하는 그림이 선명히 떠올라야 좋은 평가를 받을 수 있다고 한다. 이는 취업준비생들에게도 도움이 될 만한 내용인데, 대학 시절부터 자신의 스타일을 만들어내면 남들과 다른 특별한 자신만의 스토리로 승부할 수 있다.

그런데 하버드가 학생들에게 가르치는 것은 우리가 흔히 예상하는 공부가 아니다. 공부에 앞서 균형 있는 자기관리를 먼저 배운다. 이 말은 공부와 과외활동, 봉사활동 등 여러 가지 일을 힘에 부치도록 많이 하면서도 그것을 견뎌내는 법을 뜻한다. 모든 일을 효율적으로 모두 해내는 것이다.

리처드 라이트 교수는 지난 15년간 하버드생 1600명을 대상으로 그간 알려지지 않았던 대학생활과 공부법을 모아 연구했다.

"흥미롭게도 나는 미국의 다른 대학에 재직하고 있는 동료교수들을 통해 그와 똑같이 2주간의 학생생활 조사를 해보도록 했는데, 하버드보다 명성이 훨씬 낮은 학교의 경우 대부분의 학생이 일주일에 10시간, 12시간, 15시간 정도 공부하는 것으로 나타났죠. 반면에 우리 하버드생들은 평균 31시간이었어요."

그런데 공부만 하는 것도 아니다. 취미활동이나 서클활동에 보내는 시간도 하루 평균 3시간, 거기다 봉사활동과 아르바이트에 보내는 시간까지 합치면 하루 24시간을 쪼개고 또 쪼개는 것이다.

하버드생과 다른 학생 사이의 차이는 바로 시간관리에서 비롯된다. 주어진 시간은 똑같다. 결국 남은 시간을 잘 활용하는 길만이 대학생활의 성패를 좌우하는 것뿐 아니라 운명까지 바꾼다. 리처드 라이트의 《하버드 수재 1600명의 공부법》에는 하버드 2학년생의 인터뷰가 실려 있다.

"여기에서 하루는 집에서 신나게 한 달 동안 보낸 것과 맞먹습니다. 모든 게 치밀하게 짜여 있지요. 방학 때 집에 가서 오후

1시까지 실컷 잠을 자고 난 후에 깨달았다니까요."

그들은 하루에 13시간을 한결같은 집중력으로 공부하고, 똑같은 일을 해도 남보다 멋지게 해내는 습관이 몸에 배어 있다. 새로운 것, 혹은 감당할 수 없는 양의 정보, 엄청난 잠재력을 가진 학우들과의 경쟁, 온갖 실패에도 불구하고 더 이상 두려워하지 않고 맞설 수 있는 기질을 가지고 있어야 살아남을 수 있기 때문이다. 그러나 공부만 하는 학생들은 오히려 도태된다. 철저한 시간 관리로 공부뿐 아니라 여러 가지 방면에서 에너지를 발산한 학생들이 멀리가고 오래 간다. 그래서 라이트 교수는 공부 외에 깊이 몰두하는 활동이 꼭 있어야 삶의 만족도를 높여 더 즐겁고 생산적인 대학생활을 하게 된다고 주장한다.

하버드를 비롯한 미국 일류 대학 학생들은 자유롭지 않다. 어떤 일을 하지 말라고 줄줄이 금지 조항을 열거되었다는 뜻이 아니다. 반드시 해야 할 최소량을 엄격하게 관리해 학생들 스스로 자기 생활을 통제하게 만든다. 하버드에서는 학생으로서 해야 할 기본을 다하지 않는 것을 자유라 부르지 않는다. 이렇게 하버드에서 생존하려면 '하버드의 혹독한 단련법'이 몸과 마음과 머릿속에 깊이 스며들어야 한다. 그리고 그렇게 배운 단련법은 평생 자신의 경쟁력을 유지시켜주는 최고의 재산이 된다.

조선일보 논설위원 강인선 작가는 하버드에서 수학하며 이런 결론을 내렸다. 한국 유학생들이 고전하는 이유 중 하나는 기본적인 자기관리가 부족하다는 것이다. 그렇다면 자기 단련은 어디에서 배우는 것일까? 자취하며 혼자서 먹고 사는 기초적인 생활에서 오는 것이다. 하버드의 한국 유학생 중에서도 성공 사례로 꼽히는 학생들은 생활을 철저하게 조직적으로 운영하는 공통점이 있다. 그들의 전설적인 생활방식을 공개하자면 한 학기, 한 달, 일주일 단위로 계획을 짜는 것도 모자라 일주일 식단도 짜놓고 사는 것이다. 그렇게 치밀하게 살아야 교수가 해오라는 과제와 수업 준비를 다 하고도 시간이 남아 더 해갈 수 있는 여유가 생긴다.

한국의 학생에게도 이는 똑같이 적용된다. 먼저 자신의 기본 생활의 토대를 단단하게 다져놓으면, 그 위에 공부라는 건물이 수월하게 건설된다. 그런데 이런 진리를 모르고 만사 제쳐놓고 무식하게 공부하다가는 언젠가 바닥이 허물어질지 모른다. 많은 양의 공부가 주는 부담을 견디면서 생산성을 유지하려면 무엇보다 기본 생활에 바탕이 되는 기초공사가 튼튼해야 한다.

세상의 모든 사람이 대학생이 될 수는 없고 그럴 필요도 없다. 스티브 잡스와 빌 게이츠 모두 대학 중퇴자지만, 그들을 보고 손가락질하는 사람은 아무도 없다. 성공으로 가는 과정은 다양한 형태로 존재하기 때문이다. 그러므로 하버드의 혹독한 단련법을 응용해 자신에게 적합한 방법만 찾아야 한다.

하버드생들은 재학 중일 때부터 1인 기업가가 되어 자기 자신이 '스타'이면서 동시에 '매니저'가 되는 법을 스스로 알아내도록 교육받는다. 시간을 활용하고 자신을 관리하는 트레이닝 법을 스스로 알아내며 성장하는 것이다. 당신의 삶에서 당신 또한 이미 스타이며, 동시에 매니저이다. 이제 당신은 대학이나 직장이라는 큰 강에서, 그리고 비바람 몰아치는 사회에서 헤엄치는 법을 배워나갈 것이다. 설사 거센 파도 앞에 무너지는 한이 있다고 해도 당신이 옳다고 생각하는 방식으로 물러서지 않고 최선을 다해 앞으로 나아가는 것이다.

단순히 똑똑하다고 살아남을 수 있는 세상이 아니다. 삶의 현장에서 당신은 하버드생처럼 극한 환경에서 자신을 매섭게 단련해야 한다. 이를 위해서 당신은 오늘 강인하고 끈질긴 기질, 여러 가지 일을 동시다발적으로 완벽하게 해낼 수 있는 자기관리 능력, 치열하게 경쟁하면서도 항상 남을 배려하는 여유까지도 갖추어야 한다. 꼭 필요한 사람들만 만나고 남은 시간은 모두 최대한의 집중력으로 원하는 분야에 목숨을 걸어라. 이렇게 피눈물 흘리며 배운 시간 관리와 기본적인 자기관리는 대학뿐 아니라 인생을 살아감에 있어 무엇과도 바꿀 수 없는 큰 경쟁력으로 당신을 지켜줄 것이다.

3장

당신의
모든 것을 바꾸는
마법의 주문

인생 200살까지 살다 갈 것처럼

빚쟁이를 피해 도착한 캐나다에서 비자를 연장하며 살던 나는 20대 후반이 되자 여러 이유로 마음이 복잡했다.

'죽는 것도 싫고 늙고 싶지도 않아. 아무것도 이룬 게 없는데 시간은 왜 이렇게 빠르게 지나가는 걸까? 미래가 지금보다 더 안 좋아질까봐 두려워.'

나는 무척 열심히 살고 있었음에도 하루하루 불안한 마음이 들었다. 현실과 이상의 괴리가 하늘과 땅 차이만큼이나 크게 느껴졌다. 그러던 어느 날 한국에서 봉사활동을 하며 인연이 된 정광해 신부님의 말씀이 떠올랐다.

"힘들 땐 캐나다의 마돈나 하우스를 가보도록 해."

나는 그곳이 어떤 곳인지 전혀 알지 못했다. 그러나 왠지 가 보고 싶다는 생각에 홈페이지를 찾아 방문 일정을 예약하고, 휴가를 내서 마돈나 하우스로 향했다.

마돈나 하우스에는 약 200명의 평신도와 성직자가 살고 있는데, 이들은 성직자들이 살던 방식으로 순명, 동정, 가난을 약속하고 공동체 생활을 하며 살아간다. 그들과 똑같은 생활을 하며 지내는 방문자 프로그램은 전 세계 순례자들의 영적 생활에 지침이 되고 많은 이들에게 초대교회의 영감을 주고 있다.

나는 주로 신문사, 식당, 세탁소 등 실내에서 일하는 업무를 맡아 일했다. 모든 일에는 나름의 규칙이 있었고 속도에 상관없이 충실히 마음을 다해 일하는 것이 중요했다. 하루는 세탁소로 파견되어 옷을 정리하는 일을 맡았는데, 규격에 정확하게 맞을 때까지 몇 번이고 다시 개야 했다.

'완전 똥개 훈련이네. 내가 고작 이런 일 하러 여기까지 왔나.'

지겨움에 온몸이 뒤틀릴 만큼 단순한 일이었다. 온갖 잡념으로 머리가 지끈거렸다. 그러나 단순노동을 반복하던 며칠이 지나자 머릿속으로 아무 생각도 떠오르지 않으며 단지 내가 하는 일에만 집중할 수 있게 되었다. 오랜 시간 나를 괴롭히던 잡념이 사라진 것이다.

어느 날 세탁소엔 한 할아버지가 계셨다. 그분은 나와 눈이 마주친 순간 반갑게 웃으시며 부드러운 음성으로 이렇게 말씀하셨다.

“안녕, 난 요셉이에요. 당신의 이름은?”

“저는 새해에요.”

요셉 할아버지는 흰 머리에 붉고 동글동글한 뺨을 가진 분이었다. 그분은 언제나 햇살이 비치는 따뜻한 창가에서 쉬는 시간이 되면 떨리는 손으로 사람들에게 초콜릿 과자를 건네주며 미소를 지으셨다. 그분의 모습은 나와 참으로 대조적이었다. 20대인 나는 30대가 다가온다는 두려움에 짓눌려 사는데, 그분은 마치 숲길을 산책하다 우연히 발견한 거대한 고목을 볼 때의 느낌 같았다. 어느 날 차를 한 잔 가져다드렸는데, 할아버지께서는 미소와 함께 “고맙다”고 하셨다. “고맙다”는 말은 언제나 듣는 단순한 말이었지만, 그 순간만큼은 살아있는 천사를 본 것이 아닌가 하는 생각이 들 정도로 특별했다. 고작 차 한 잔을 대접하고 살아있는 천사를 눈앞에서 보게 된다면 얼마나 감사한 일인가! 나는 그분의 따스한 눈빛, 느리고 부드러운 말투와 떨리는 두 손에 가득 담겨있던 사랑이 좋았다. 그분의 몸은 불편했지만 그에게선 언제나 감사와 여유, 기쁨이 퍼져나갔다.

그분과의 만남은 항상 기분 좋았다. 아무 말 하지 않아도 전해지는 가슴 뭉클한 무엇이 있었다. 나는 내 안의 신이 가장 아름다운 모습으로 요셉 할아버지 안의 신과 대화를 하고 있다고 생각했다. 매일 이어지는 우리의 대화는 지극히 단순하고 평범했지만, 두꺼운 얼음 사이로 새싹을 돋게 하고, 꽃을 피우는 봄바람처럼 생명력이 넘쳤다.

그분은 언제 죽나 허망한 얼굴로 기다리시는 굳은 표정의 어르신들과 차원이 달랐다. 하늘이 허락하는 날까지 최선을 다해 살겠다는 믿음으로 매일 하루를 풍성하게 채우셨다. 고작 20대의 내가 10년 뒤엔 세상을 떠날 것처럼 한숨을 쉬는 동안, 80대의 요셉 할아버지는 이미 천국에 사는 것처럼 완전한 삶을 누리며 사셨다. 그분은 온화했고, 사랑 그 자체였으며, 영혼의 향기가 배어 나오는 인상을 하고 있었다.

나는 달라이 라마의 일화를 떠올렸다. 달라이 라마가 외부 일정을 마치고 호텔에 돌아올 시간이 되면 호텔의 많은 직원이 그를 보기 위해 줄지어 있었다고 한다. 말 한마디도 할 수 없었지만 달라이 라마가 지나가며 보내는 몇 초간의 따스한 눈빛에 감동한 사람들이 동료들을 데리고 모였던 것이다. 나는 지구 반대편에서 그들이 달라이 라마를 보며 느꼈을 감동을 요셉 할아버지를 통해 느낄 수 있었다. 찰나의 만남 속에 숨 쉬던 깊은 평화는 그렇게 내 안을 가득 채워갔다.

마돈나 하우스에선 보통 아침미사로 하루를 시작해 식사 후 바로 일을 하고, 점심식사 후 다시 일을 하다 티타임을 가진다. 이때 다 같이 둘러앉아 차를 마시며 영혼에 도움이 될 만한 책을 읽어준다. 그러면 우리는 책 내용으로 함께 이야기를 나누곤 했다. 이 시간은 무척 짧았지만, 손에 든 차 한 잔만큼 따스했다. 영혼의 거울로 서로의 모습을 바라보는 황홀한 시간이 지나면 여지없이 티타임이 끝났음을 알리는 종소리가 울렸다. 우리는 종소리를 듣고 각자 가슴에 품은 묵상 주제들을 되뇌며 저녁까지 일에 몰두했다. 나는 이런 시간을 통해 나는 오늘의 불안한 감정을 희망으로, 하루의 끝을 새로운 시작으로 여기며 사는 법을 배웠다.

그들은 거룩한 것을 보고 묵상하는 특별한 순간뿐 아니라 부엌에서 일을 하거나 마당에서 청소를 하는 모든 행위에서도 숨어 있는 신을 발견하고 미소 지었다. 숨 쉬는 것도, 자는 것도, 먹는 것도, 노는 것도 모두 기도가 되었다. 나는 그들 속에서 아무 이유 없이 눈물을 흘렸다. 어느 날엔 여름날 온 산이 가득하도록 우는 매미처럼 울어버렸다. 마돈나 하우스의 사람들은 이런 내 모습에도 놀란 기색 없이 이렇게 말했다.

"울고 싶으면 언제든 우세요. 웃고 싶으면 언제든 웃으세요. 이곳에 온 많은 사람은 우리와 함께 사는 일주일 동안 여러 가지 방법으로 치유를 체험합니다. 우리는 왜 그런지 알 수 없습니다. 다만 이 순간 신이 함께 계시다는 것을 알기에 감사드릴 뿐입니다."

나는 일주일간 공동체에 머물렀고, 공동체를 떠나 온전한 침묵 속에서 빵 한 조각과 물 한 병을 가지고 뿌스띠니아(Poustinia)에 머물며 더 깊은 자유를 누렸다. 뿌스띠니아는 러시아어로, 모든 것을 버리고 외롭게 고행을 했던 교부들이 찾아가는 고독하고 조용한 장소를 의미한다. 러시아인들은 뿌스띠니아에 들어간 사람에게 "거기서 하늘이 땅을 만난다"고 말한다.

나는 뿌스띠니아에서 혹시나 연기가 모락모락 피어오른다거나 불꽃이 번쩍거리거나 하는 영화 속 장면같이 무언가 특별한 일이 벌어지지 않을까 잔뜩 긴장했다. 그런데 막상 뿌스띠니아에 들어가자마자 시간이 빛의 속도로 흘러갔다. 나도 모르게 그동안 쌓였던 긴장이 풀리며 오후 늦게까지 잠만 실컷 자버린 것이다. 이럴수가! 천사와 만나거나, 엄청난 영감을 받거나, 신과 대화를 하는 등의 영화속에서 볼 법했던 일은 하나도 일어나지 않았다. 뭔가 아쉬웠다. 상상했던 일은 일어나지 않았다. 그러나 충분한 휴식 뒤에 눈이 쌓인 아름다운 나무 숲길을 걸으며 하늘과 땅이 만나는 것이 무엇인지 어렴풋이 느낄 수 있었다. 신이 나를 무척 사랑한다는 사실을 가슴 깊이 느꼈다. 그래서 내 방식대로 신에게 사랑을 고백했다.

그 방법은 단순했다. 천천히 한 걸음 걷고 '사랑합니다'라고 속삭였다. 그리고 천천히 또 한 걸음을 걷고 '감사합니다'라고 고백했다. 그렇게 천천히 감사와 사랑만 가득한 채 한 시간가량 아무도 다니지 않는 오솔길을 걸었다.

마돈나 하우스 사람들과 살며 마음이 점점 맑아지던 어느 날, 아쉽게도 떠날 날이 다가왔다. 나는 떠날 때 느끼는 아쉬움과 섭섭함을 꾹 누르며 참고 있었다. 15번이나 이사하며 감정을 참는 것이 습관이 되었던 것이다. 그래서 요셉 할아버지와 마지막 인사를 할 때도 괜히 다른 곳을 바라보고 있었다.

그때 요셉 할아버지가 남긴 나즈막한 말을 나는 지금도 잊을 수가 없다.

"새해, 내 생명이 다하는 날까지 널 위해 기도할 거야. 용기를 내렴."

글을 쓰는 이 순간도 날 위해 기도하시는 그분의 음성과 따스한 눈빛을 떠올리면 가슴에 표현할 길 없는 감동이 가득 차오른다. 할아버지와 나는 고작 일주일간 가끔 만나 차를 마셨을 뿐이다. 그분의 삶에서 나는 스쳐가는 수많은 방문객 중 한 명일 뿐이었다. 그런데 나를 위해 죽는 날까지 기도해주신다고 온 마음을 다해 약속하신 것이다. 어떻게 아무런 조건 없이 이런 말을 할 수 있을까?

나뭇가지가 늙어 쪼그라드는 그때 가장 아름다운 열매가 맺힌다고 한다. 비록 그분은 마른 나뭇가지처럼 쉬이 부러질 것 같은 육신 속에 사셨지만, 영적으로 아름다운 열매를 풍성히 맺으셨다. 언뜻 보기에 일을 하지 않는 것처럼 보여도 사실 더 크고 위대한 일을 하고 계셨다. 그것은 바로 온 마음과 영혼을 다해 사랑하는 것이었다. 나는 요셉 할아버지를 떠올리며 육신의 젊음으론 도저히 표현할 수 없는 아름다움이 존재함을 알게 되었다.

인간은 태어남과 동시에 늙기 시작한다. 이 세상에 늙지 않은 사람은 없고 모두 언젠가는 죽음을 맞이한다. 한평생을 100년이라고 해도 무려 3분의 1이 노년인 셈이다. 그렇다면 우리는 그 기나긴 시간을 굳이 두려워하며 살아갈 이유가 있을까? 당연히 그럴 필요가 없다. 그러니 지나간 세월을 후회하지 말고 지금 순간을 살아야 한다. 5리를 가자면 10리를 기꺼이 가라는 성경구절처럼, 기왕 사는 거 끌려가지 말고 기꺼이 가자. 기왕 먹는 거 화내며 먹지 말고 감사하며 먹자. 기왕 주는 거 욕하며 주지 말고 기쁘게 주자. 기왕 하는 말 상처입히지 말고 부드럽게 하자. 기왕 하는 거 엉망으로 하지 말고 감동적으로 하자.

그렇게 살다보면 나이가 들수록 오래 기억하고 싶은 사람이 될 수 있다. 당신이 원한다면 언제든 온화한 말투와 행동으로 사람들에게 용기를 불어넣으며 살 수 있다.

기억하라. 오늘은 남은 인생의 첫날이다.

고통의 순간에도 발걸음마다 희망이 있었다

나는 어릴 적 도움을 거의 받지 못하고 살았다. 그래서 어떻게든 다른 사람을 도우며 살겠다고 결심해왔다. 그래서 자리가 잡히면 무조건 봉사활동을 1순위에 두었다. 그러자 지인들이 모두 한마디씩 했다.

"너 제정신이야?"

"네가 지금 남 도울 처지야?"

"너무 이상적으로 살면 너만 손해 본다."

그러나 나는 누가 무슨 욕을 해도 봉사활동을 멈출 수 없었다. 당시 우리 가족들은 모두 흩어져 살아 서로 연락이 어려웠다. 그래서 내가 봉사활동을 한다면 하늘에서 우리 가족들을 좀 더 챙겨주지 않을까 하는 단순한 생각으로 봉사활동을 시작한 것이다.

그런데 막상 봉사를 해보니 새롭게 느끼는 것이 많았다. 이 세상에서 내가 제일 어려운 사람인 줄 알았는데, 나보다 더한 사람도 있었고, 그들을 위로하다 보니 나 또한 위로받게 되었다. 나는 그렇게 봉사의 마력에 빠져버린 뒤부터 세상 어디를 가든 누가 알아주지 않아도 꾸준히 봉사하며 살게 되었다. 대학 재학 중엔 '청년성서모임', '수원교구 젊은이 기도모임'에서 소그룹지도 및 연수봉사를 하며 밥 먹듯이 밤을 샜다. 그리고 수원에서 열린 '전국성령축제'에서 전국에서 몰려온 3천 명의 신발을 정리했다. 그날 어찌나 활짝 웃으며 사람들을 맞이했는지 밤에 집에서 잠을 자는데 양 입가의 근육이 당겨서 얼얼하기까지 했던 기억이 난다. 나는 수년간 찬양봉사를 하며 음반녹음도 했다. '가톨릭청년성령쇄신연합'의 1집 보컬로 참여하게 된 것이다. 그런데 당일 연습을 너무 많이 해서 우습게도 녹음실에선 목소리가 거의 나오지 않았다. 나는 각종 세미나의 찬양, 강의, 통역봉사를 하며 전국을 누볐다. 그리고 많은 봉사활동 덕분에 당시 청소년국 국장 한승주 신부님의 추천으로 전 세계 청년 100만 명이 참가하는 독일세계청년대회(World Youth Day)의 한국 단독대표로 선발되었다. 모두가 내가 선발된 것을 부러워했다.

그런데 내 마음속엔 걱정이 태산이었다. 여행경비가 전액 개인 부담이었던 것이다. 난 가깝다고 생각했던 지인들에게 도움을 요청했는데, 평소엔 그토록 살갑게 굴던 이들이 돈을 빌려달라는 말에는 얼음장처럼 차가운 반응을 보였다.

"너희 집 부자 아니야? 부모님께 달라고 해."

"부자 아니야. 돈도 없고……."

"야, 돈도 없는 주제에 뭐하러 그런 델 가? 가지 마."

돈 꿔줄 것도 아니면서 심하게 말하는 사람들은 참 많았다. 나는 애써 태연한 척 알겠다며 전화를 끊었지만 두 뺨 위로 흐르는 눈물을 멈출 길이 없었다.

'세상엔 만 원 한 장 빌려주는 사람이 없구나.'

통화가 끝나자마자 나는 흐르는 눈물을 멈추려고 하늘을 바라보았다. 이런 내 마음과 상관없이 하늘은 여전히 푸르고 아름다웠다. 마치 내게 힘을 내라고 해주는 것같이 느껴졌다. 그리고 며칠 뒤 나는 고운 한복을 입고 베네딕토 16세 교황님과 전 세계 대표 청년들과 함께 배에 탑승하고 있었다. 그리고 독일의 라인강가에서 교황님을 바라보는 수만 명의 사람들을 향해 한 손에 태극기를 들고 다른 한 손을 흔들며 인사를 했다. 사정이 어려워 갈 수 없겠다고 말씀드리자 한 신부님께서 적금을 깨서 내 여행경비를 전액 지원해주셨기 때문이다.

그러나 한승주 신부님은 오늘날까지 단 한 번도 여행비를 대주었다며 생색을 내시거나 언제까지 갚으라고 말씀하지 않으셨다. 내가 교황님 곁에서 미사전례 봉사하는 모습을 보며 진심으로 자랑스러워하셨고, 어려운 상황에서 도와주셨다. 매번 마주칠 때마다 격려하시며 항상 큰 힘을 주셨다.

"너는 하늘이 사랑하는 딸이니, 아무 걱정 말고 자신 있게 살아라."

가난했던 해외 생활이 어렵고 힘들 땐 이용훈 주교님, 이건복 신부님, 윤민재 신부님, 정광해 신부님, 한연흠 신부님께서 보내주시는 따뜻한 이메일에 힘을 얻었다. 이분들은 모두 함께 봉사활동을 하며 알게 된 인연이었다. 나는 누구에게도 말할 수 없는 힘든 일들이 있을 때 몇 년에 한 번씩 신부님들께 이메일로 간략하게 조언을 구하곤 했다. 그러면 언제나 사랑이 가득한 답장이 와있었다.

내가 캐나다에 거주할 때 매일 통화하던 아버지와 무려 3일이나 연락이 되지 않았다. 수백 번의 시도로 겨우 통화를 했을 때는 이미 아버지가 말씀 한마디 하실 수 없는 상태였다. 연락이 되지 않던 3일 동안 아버지는 의식을 잃어 구급차에 실려 가셨다. 뇌의 혈관에 문제가 생겨 마비가 와서 말씀을 하지 못했다.

암일 수도 있다고 했다. 나는 수화기 너머로 들려오는 평생 한 번도 들어본 적 없는 아버지의 울음소리를 들으며 함께 울었다.

그날부터 나는 항상 울고 있었다.

'아버지가 편찮으신데 내가 할 수 있는 일이 단 하나도 없다니.'

머릿속에 죄책감이 가득했다. 어느 날엔 분노로 몸을 주체할 수 없을 정도가 되어 인적이 드문 거리를 터덜터덜 걸어가다 갑자기 고래고래 악을 질렀다. 마치 미친 사람처럼 보였을 것이다. 그렇게 소리를 지르고 나면 얼굴엔 눈물, 콧물, 침 범벅이 되어 있었다. 이런 내 모습을 보고 지나가던 사람들은 놀라서 다가왔다.

"무슨 일이에요? 괜찮아요?"

나는 두 주먹을 불끈 쥔 채로 아무런 말을 하지 못하고 그저 울고 있었다. 그들에게 어디서부터 어떻게 설명할지 알 수 없었다. 그러나 정신이 돌아오면 괜찮다고 이야기하고 서둘러 길을 떠났다. 어떤 날은 주체할 수 없는 화가 치밀었다. 힘없고 가난한 내가 너무 원망스러워 견딜 수가 없었다.

그러던 어느 날 '실로암'이라는 찬양곡을 떠올렸다. 실로암은 연못 이름인데, 눈먼 이가 거기서 눈을 씻으니 눈이 뜨여 앞을 볼 수 있게 되었다는 내용이다. 그때 이런 생각이 들었다.

'실로암이나 암이나 같은 암이니까 무조건 좋은 일이 있을 거

야. 그래, 아버지의 암은 실로암인 거야.'

그런 믿음 속에서 나는 백방으로 수소문해서 좋은 병원에 대한 정보를 받아 아버지의 진료를 예약하고 간병인을 수소문했다. 치료비가 부족한 가운데 아버지는 불굴의 의지로 건강관리를 하셨다. 그리고 다행히 암이 아니라 뇌경색이라는 진단을 받게 되었다. 나는 귀국 후 아버지와 함께 지내며 무리하게 일을 시작했다. 몸이 조금 고되더라도 학자금을 비롯한 빚을 빨리 갚고 아버지의 병원비를 마련할 생각이었다.

그러던 어느 날 내가 수년간 봉사하던 '수원교구 젊은이 기도모임'의 창설자이신 한연흠 신부님을 뵈었다. 신부님께선 유난히 창백한 내 안색을 걱정하시며 사정을 물으셨다. 나는 그저 짧게 대출금을 갚아야 하고 아버지 병원비도 부담하고 있어 일을 늘렸다고 말씀드렸다. 그리고 다음 날 텅 비어있던 내 계좌에 대학원에 입학할 때 대출받은 학자금을 갚을 수 있는 돈이 송금되었다. 당황한 나는 바로 전화를 드렸는데 신부님께서 담담하게 말씀을 이어나가셨다.

"우리가 알게 된 지 수년이 지났지만 네 상황을 어제서야 알게 되었구나. 그런데 마침 그걸 해결할 만한 방법이 내게 있었단다. 그래서 돕게 된 것이지. 하지만 내가 한 일이 아니다. 모두 주께서 하신 일이다."

나는 꿈인지 생시인지 알 수가 없었다. 생각지도 못한 방법으로 몇 년간 시달리던 빚에서 온전히 해방된 것이다. 생각해보면 도움의 손길은 항상 끊이지 않았다. 셀 수도 없이 많은 분이 그림을 사주셨다. 그리고 차비 하라며 주신 봉투엔 택시를 10번 타도 될 돈이 들어있었다. 나는 매번 "감사해서 어떻게 갚아요?"라고 질문했는데, 도와주신 분들은 한결같이 "하늘에 갚으라"는 묘한 답을 주셨다.

테레사 수녀님의 책 《모든 것은 기도에서 시작됩니다》에는 처방전을 들고 사랑의 선교회를 방문한 한 남자의 예화가 나온다. 그는 자신의 아이가 이 약을 먹지 않으면 죽는다며 호소했지만 그 약은 인도에서 구할 수 없는 약이었다. 그가 테레사 수녀님과 이야기하고 있을 때, 어떤 사람이 약을 담은 바구니를 들고 왔는데, 놀랍게도 그 바구니에는 아이가 먹어야 하는 바로 그 약이 있었다. 테레사 수녀는 당시를 이렇게 회상한다.

"그 약이 아주 안쪽에 있었으면 보지도 못했을 겁니다. 약을 가져온 그 사람이 좀 더 일찍 왔거나 좀 더 늦게 도착했어도 마찬가지입니다. 그러나 바로 그때 그 시간에 신께서 인도의 가난한 콜카타의 한 아이를 친절하게 돌보셨습니다."

나는 믿는다. 바로 그때 그 시간에 신께서 인도의 가난한 아이를 친절히 돌보신 것처럼 나를 보살펴 주셨음을……. 돌이켜보면 고통스럽다고 여겼던 순간들도 발걸음마다 은총이었다.

나는 몇 년 전부터 하늘의 비행기를 바라볼 때마다 꿈을 꾼다. 매일 구걸하던 아이들이 '리치써클 스쿨'에서 공부하는 꿈이다. 리치써클 스쿨은 말그대로 각자 가지고 있는 풍성한 재능과 자원을 나누는 학교로, 아시아와 아프리카 지역을 돌며 새로운 배움의 장을 선사할 것이다. 한국 기업들은 자원자를 보내 학생들에게 실무를 가르치고, 졸업생들은 각 회사의 인턴으로 일하며 성장해 다시 본국으로 돌아가 선한 영향력을 발휘하는 선순환을 만들 수 있다.

전쟁, 가난, 자연재해 등으로 억눌려있던 아이들이 리치써클 스쿨에서 원하는 공부를 하는 모습을 떠올리면 가슴에서 찬란한 빛이 솟아오른다. 나는 내 꿈과 비슷한 일 하고 있는 '코인트리'에 수년간 기부를 하고 있는데, 내게 선물을 주고 싶어 하는 모든 분께 그곳에 후원을 해달라고 말씀드렸다. 이 말에 무려 1,090분께서 후원을 해주셔서 스리랑카, 볼리비아, 멕시코의 가난한 친구들이 마음껏 먹고, 공부하고, 진료를 받을 수 있게 되었다. 이 자리를 빌어 진심으로 감사드린다.

나는 리치써클 스쿨에 다니는 아이들을 직접 사진으로 남기고 싶다는 꿈을 위해 전문가들이 사용하는 DSLR 카메라를 구입해 몇 년간 사진을 배우고 있다. 그들의 반짝이는 눈동자를 카메라에 담아 전시를 하고, 함께 그림을 그리고, 책을 쓰고, 강연을 다니며 필요한 기금을 마련할 것이다. 오늘도 나는 리치써클 스쿨 졸업생과 나의 미래의 대화를 생생히 상상한다.

“감사합니다. 덕분에 제 삶이 완전히 달라졌어요. 그런데 이 은혜를 어떻게 갚죠?”

“제가 한 일 아니에요. 모두 신이 계획한 일입니다. 그러니 기회가 될 때 하늘에 갚으시면 됩니다.”

이날을 상상하면 마음이 참 행복해진다. 때가 되면 ‘리치써클 스쿨’의 아이들을 사랑으로 키워내고 싶다. 만약 지금 이 순간부터 이런 선한 영향력을 함께 하고 싶은 분들은 하루 100원씩 기부할 수 있는 ‘코인트리’를 검색해보시면 좋겠다.

1톤의 생각보다 1그램의 행동이 필요하다

뉴욕 브루클린에 정육점을 운영하던 윌리엄 리바인은 한 달 동안 무려 4번이나 강도를 만났다. 그래서 그는 목숨을 지키기 위해 방탄조끼를 구해 입고 일하기 시작했다.

그런데 그 모습을 본 주변 상인들이 너도 나도 그에게 방탄조끼를 구해달라고 요청하기 시작했다. 그는 고기를 파는 것보다 방탄조끼를 파는 일에 더 많은 시간을 보내게 되었고, 결국 정육점을 정리하고 '방탄조끼 주식회사'를 설립했다. 훗날 이 회사는 40여 개 도시에 대형 점포를 가진 회사로 성장했다. 리바인은 이렇게 고백한다.

"4번이나 강도를 만나 즉시 방탄조끼를 구해 입고 일하기 시작한 것이 성공비법입니다."

만약 그가 자신이 지독하게 운 나쁜 사람이라 생각하고 하늘을 원망하며 매일 무서운 강도를 떠올렸다면 그는 정육점을 정리하고 피해망상증에 시달렸을지도 모른다. 그러나 그는 1톤의 생각이 아닌 1그램의 행동으로 자신의 화를 복으로 바꾸었다.

얼마 전 타임이 선정한 20세기 세상을 바꾼 25인 중 한 명이자, 이스라엘 건국의 어머니라 불리는 골다 메이어는 이스라엘 첫 번째 여성 총리이자 세계 3번째 여성 총리다. 메이어는 떠돌이 유대민족의 오랜 염원이었던 그들만의 나라를 세우는 데 큰 공헌을 했다.

그녀는 중동 분쟁 논의 차 미국 방문길에 올랐는데 당시 미국 언론들은 곱슬곱슬한 금발머리와 작은 체구에 온화한 용모의 그녀를 "할머니가 장바구니를 들고 왔다"고 크게 보도했고, 그녀는 가는 곳마다 열렬한 '메이어 선풍'을 일으켰다. 그러나 메이어는 정작 그 '장바구니'에 팬텀 전투기 25대와 스카이호크 공격기 85대, 닉슨 대통령으로부터의 장기 경제 원조를 넣고 이스라엘로 돌아왔다. 메이어는 외교수단을 통한 중동 문제의 평화적 해결을 강조하며, 정치계를 은퇴한 뒤에도 영향력을 잃지 않았다.

골다 메이어는 '겁쟁이는 행복을 누릴 자격이 없다'고 말하며 누구보다 열정적으로 노력한 정치가였다. 그런 그녀가 세상을 뜬 후에 발견된 사실에 사람들은 모두 놀랐다. 왕성한 활동을 펼치던 그녀가 사실 12년 동안이나 백혈병을 앓아왔던 것이다.

“어떻게 이렇게 아픈 사람이 그렇게 많은 활동을 할 수 있었을까?”

그녀는 자서전에서 자신의 약점에 대해 이렇게 말했다.

“얼굴이 못생긴 것은 오히려 나에게 행운이다. 못났기 때문에 나는 더 기도했고, 더 열심히 공부했다. 그렇기에 나의 약함은 나의 조국에 도움이 되었다.”

메이어는 자신의 병이나 외모 때문에 위축되지 않고, 오히려 긍정적으로 자신의 약점을 보완하기 위해 수많은 노력을 기울였다.

한 청년은 스물한 살 때부터 몸이 잘 움직여지지 않아 병원을 찾았다. 의사는 여러 가지 검사를 한 뒤에 그에게 루게릭병이라는 진단을 내렸다. 이 병은 희귀한 불치병은 약도 없고 근육이 적어져 결국 온몸을 움직일 수 없게 되는 병이었다. 게다가 의사는 그의 수명이 고작 1~2년밖에 남지 않았다고 선고했다.

“말도 안 돼요. 전 갓 스물을 넘었을 뿐인데요.”

청년은 절망했고 이대로 죽어버릴까 하는 생각까지 했다. 그러다 마음을 고쳐먹었다.

'이왕 죽는 거, 하고 싶은 일을 하다 죽자!'

그는 하고 싶었던 이론 물리학 연구를 시작했다. 지팡이를 짚고 벽에 기대며 도서관을 다니면서도 연구를 계속했다. 사람들은 몸도 성하지 않는 그의 모습을 보고 그러지 말라고 말렸으나 청년의 고집을 꺾을 수 없었다.

"언제 죽을지 모르는 데 그만둘 수 없어요. 저에겐 시간이 많이 남아있지 않아요."

1973년 블랙홀에 대한 기존의 이론을 뒤집으며 학계에 돌풍이 되어 돌아온 그 청년은 바로 스티븐 호킹 박사다. 불과 1~2년밖에 살지 못할 거라는 선고를 받은 그는 76세까지 살아남았다. 72세 때는 우주여행을 예약하기도 했다. 의사들의 예상을 뛰어넘어 몇십 년이나 더 살며 연구를 지속한 것이다. 그는 엄청난 시련 속에서도 자신의 결심을 행동으로 옮겨서 살아있는 전설이 되었다.

'산소탱크'란 별명이 붙을 정도로 타의 추종을 불허하는 활동량을 자랑하는 축구선수 박지성은 놀랍게도 평발이다. 게다가 자신이 평발이라는 사실을 월드컵 때 주치의의 말을 듣고서야 알았다고 한다. 그는 자신이 축구선수에게 엄청나게 불리한 평발인지도 모르고 운동을 해왔다. 발에 통증이 심했지만 모두들 그런 줄 알았다고 말했다. 학창 시절 왜소한 체구였던 그가 축구의 한 획을 그은 전설적인 선수로 성장할 거라고는 누구도 상상하지 못했다.

어느 조직에서도 없어서는 안 될 1퍼센트의 성과를 내는 사람들은 모두 엄청난 실행력을 가지고 있다. 어떤 일을 해야겠다고 결심했을 때 즉각 행동한 사람들은 엄청난 행운을 거머쥐게 된다.

1974년 미국 정부는 자유의 여신상에 대한 수리를 했다. 이때 미국 정부는 수리 중에 나온 폐기물을 처리하기 위해 입찰공고를 냈다. 하지만 몇 개월이 지나도록 입찰에 응하는 사람이 나타나지 않았다. 당시 프랑스로 여행을 가 있던 한 유대인이 이 소식을 듣게 되었다. 그는 곧바로 뉴욕으로 와서 자유의 여신상 앞에 산더미처럼 쌓여있는 쓰레기를 아무런 조건 없이 가져가겠다고 계약서에 서명했다. 쓰레기엔 구리 덩어리, 나사못, 목재 등이 가득했다. 이른 본 사람들은 그의 행동을 비웃었다. 왜냐하면 그 당시 뉴욕에는 엄격한 쓰레기 처리 규정이 있는 탓에 잘못 처리할 경우 환경당국에 기소를 당할 수도 있었기 때문이다.

그러나 그는 쓰레기를 다 분리하고 구리를 녹여 작은 자유의 여신상을 만들고, 시멘트 덩어리와 목재로는 여신상 받침을 만들고, 아연과 알루미늄으로는 뉴욕 광장을 본뜬 열쇠를 만들어 기념품으로 팔았다. 또한 자유의 여신상에서 긁혀져 나온 석회가루조차 잘 포장하여 꽃가게에 팔 수 있었다. 그렇게 그는 아무도 거들떠보지 않던 쓰레기들로 만든 물건들로 무려 350만 달러의 수익을 얻었다. 이는 그가 쓰레기를 사들인 가격보다 1만 배가 넘는 가격이었다. 뒤늦게 사람들은 후회했지만 이미 배는 떠나간 후였다.

1597년 8월, 감옥에서 풀려나 삼도 수군통제사로 복직한 이순신 장군은 조선 수군으론 승산이 없으니 육지로 올라가 종군하라는 조정의 명령을 받는다. 그러나 임금의 명령에 이순신 장군은 이렇게 답한다.

"아직 제겐 전선 12척이 있습니다. 죽을힘을 다해 싸우면 기필코 승리합니다."

같은 해 9월 이순신 장군은 어부와 패잔병으로 구성된 120명의 병사와 12척의 전선을 끌고 수천 명의 적병과 133척의 적선이 몰려오는 바다로 향했다. 이순신 장군의 머릿속엔 오직 한 가지 생각뿐이었을 것이다.

'왜적을 격파해 나라의 수치를 갚는다.'

그리고 그는 12 대 133의 불리한 전투에서 대승을 거뒀다. 현실적인 문제를 완벽하게 무시하고 행동했다. 불리한 싸움에서 그는 스스로 '희망'이 되었고 당당히 죽음의 전쟁터에서 기적을 이끌어냈다.

지금 당신의 눈은 어디를 바라보고 있는가? 문제를 바라보는가, 해결책을 바라보는가? 핑계를 대고 있는가, 행동하고 있는가?

젊어서 행한 일들은 마치 나무의 몸통인 줄기 부분과 같다. 시간이 지날수록 위로 뻗어나가는 가지가 더 가늘어지고 약해지기 마련이다. 그러니 하루라도 젊을 때 당장 움직이는 것이 유리하다. 언제나 1톤의 생각보다 1그램의 행동이 필요하다. 너무 많이 생각하지 마라. 사람들은 많이 생각하다 빨리 행동하는 사람에게 기회를 빼앗긴다. 목표를 향한 반복적인 결심과 행동은 당신 삶의 중심이 될 나무를 더 탄탄하게 만든다. 당신이 10년 전 했던 단순한 선택과 행동이 현재에 영향을 미치고 있다.

도전을 두려워하는 청년은 날개 잃은 새와 같다. 그러니 부디 날개를 포기하지 마라. 생이 끝나는 순간 우리가 가장 많이 후회하는 일은 살면서 '한 일'이 아니라 '하지 않은 일'이다. 해도 후회, 안 해도 후회라면 당장 해보는 것이 낫다. 지금 당신이 서 있는 위치에서의 1그램의 행동은 과연 무엇인가?

언제나 행복하기를 선택했다

사람들은 늘 불안하고 아프다. 20대의 추억 따위 신경 쓸 여력 없이 부단히 스펙을 쌓아가도 한 치 앞을 내다볼 수 없는 불안한 미래 때문에 힘들다. 아무리 흔들리며 피는 꽃이 아름답다지만, 너무 흔들려 골병 날 지경이다. 그러나 아무리 가난하다 해도 꿈조차 가난할 수는 없지 않은가? 작가 미겔 데 세르반테스는 소설《돈키호테》속에서 청년들에게 이렇게 외치고 있다.

"이룩할 수 없는 꿈을 꾸고, 이루어질 수 없는 사랑을 하고, 싸워 이길 수 없는 적과 싸우고, 견딜 수 없는 고통을 견디며, 잡을 수 없는 저 하늘의 별을 잡자."

아래의 문장이 당신에겐 어떻게 보이는가?

"Happinessnowhere."

이 문장은 어떻게 읽느냐에 따라 "Happiness no where(행복은 어디에도 없다)"라고 읽히기도 하고 "Happiness now here(행복은 지금 여기에 있다)"라고 읽히기도 한다. 이 말은 당신이 '지금 이곳에서(Now here)' 행복할 수 없다면 '어디에서도(No where)' 행복할 수 없다는 진리를 알려주는 것이기도 하다.

한국과 미국에서만 500만 부 이상을 기록한 초대형 베스트셀러《긍정의 힘》저자 조엘 오스틴은 이렇게 말했다.

"언제나 행복하기를 선택하세요."

아무 생각 없이 출근하며 그의 오디오 강연을 듣고 있던 나는 충격에 휩싸였다.

'행복하기를 선택하라고?'

당시엔 이해하기 어려웠지만 그 말은 시간이 흐를수록 자욱한 삶의 안개 속에서 밝은 한 줄기 빛이 되었다.

"어휴, 오늘도 일하러 가야 해"라는 생각을, "오늘 할 일이 있어. 나에겐 희망이 있어. 이것만으로도 하루 종일 웃을 이유가 충분해"로 바꾸면 삶이 달라진다.

"온종일 청소하고 빨래나 해야 하네"라는 생각을, "조금만 땀 흘리면 깨끗한 집에서 깨끗한 옷을 입을 수 있으니 참으로 행복하다"로 바꾸면 콧노래가 나온다.

세금을 내는 일은 자연스럽게 세금을 낼 만큼 돈을 벌었다고 생각할 수 있으며, 출퇴근길 만원 전철 안에서 손잡이를 잡고 겨우 버티는 상황에서도 매일 대중교통을 이용할 건강이 허락되었음을 감사할 수 있다.

행복에는 이유가 없다. 그러므로 '행복을 선택하라'는 메시지는 단순하지만 평범한 삶을 비범한 삶으로 바꾸는 놀라운 위력이 있다. 한 사람의 선택의 기로에서 의식적으로 행복을 선택한다면 놀라운 기적이 일어난다. "나는 복도 지지리 없다"고 소리칠 때 코빼기도 안 보이던 행복은, 당신이 행복을 선택하는 순간 깜빡이도 켜지 않고 느닷없이 당신의 삶에 끼어든다.

유년 시절 가장 행복했던 기억 중 하나를 떠올리면 동실동실한 얼굴에 짧은 파마머리를 한 굴업도 아줌마가 생각난다. 어린 시절 나는 어려운 형편 때문에 부모님과 떨어져 굴업도 아줌마와 지냈다. 굴업도 아줌마는 청각장애인이다. 그런데 태어나서부터 들리지 않은 것은 아니었다. 아줌마는 북한 황해도에서 살다 한국전쟁 중 사랑하던 남편을 잃고 떠밀리듯 굴업도에 정착했다. 그리고 뱃사람을 만나 재혼을 하셨는데, 어느 날 부부싸움을 하다 남편에게 심하게 맞고 난 뒤부터 갑자기 아무것도 듣지 못하게 되었다. 뒤늦게 병원에 도착했을 때 아줌마의 청력은 이미 회복 불가능한 상태였다고 한다. 고막이 재생 불가능한 수준으로 상처를 입은 것이다. 그 후 남편과 사별하고 혼자 일을 하며 지내시다가 우리 가족과 인연이 닿았다. 아버지는 그때의 기억을 떠올리며 "우리 가족이 어려울 때, 우리보다 더 어렵게 사시는 굴업도 아줌마가 18개월 된 너를 길러주신다며 데려가셨다"고 말씀하셨다. 당시 우리 가족은 머무를 방이 없어 쥐가 들락날락거리는 가게의 창고 같은 공간에서 지내야 했다고 했다. 이제 걷기 시작한 어린 내가 지낼 수 있는 환경은 아니었다.

그러나 나는 한 번도 굴업도 아줌마가 울거나 얼굴을 찡그린 모습을 본 기억이 없었다. 아줌마는 비바람이 불어도 아랑곳 않고 젖은 채 피는 꽃처럼 항상 활짝 웃는 얼굴이었다. 큰 목소리로 호탕하게 웃으시며 내게 놀라운 사랑을 주셨다. 나는 그런 아줌마 앞에선 긴장이 풀려 지칠 때까지 아무 말이나 하고 아무 때나 달려가 아줌마를 끌어안고 뽀뽀하고 뒹굴곤 했다.

내 기억 속 아줌마는 김치공장에 출근하시기 전 거울 앞에서 내 머리카락을 하나로 묶고 얼굴에 바르는 크림을 양손에 문질러 삐져나온 내 잔머리에 정성껏 발라주셨다. 그리고 거울 속 나를 바라보며 우렁차게 웃으셨다. 아줌마가 공장에서 일하는 동안 혼자 집을 지키곤 했는데, 나는 돌아다니는 달력 뒤편에 그림을 잔뜩 그리며 놀다가 새로운 사실을 발견했다. 원하는 것을 그림으로 그려서 보여드리면 그것을 얻을 수 있다는 사실이었다. 글씨를 잘 쓰지 못할 때라 그림이 의사소통의 수단이 된 것이다. 나는 아이스크림이 먹고 싶으면 아이스크림을 그려놓고 아줌마가 출근하실 때 어깨를 툭 치고 그림을 보여드렸다. 그러면 아줌마가 퇴근길에 아이스크림을 사오셨다.

아줌마가 혼자 세들어 사시는 단칸방에는 장난감 하나 없고 동화책이나 TV도 없었지만, 나는 항상 행복했다. 장난감을 본 적이 거의 없었기에 문구점에서 사달라며 떼를 쓰지도 않았다. 눈에 보이는 모든 것은 전부 나의 장난감이 되었다.

나는 물을 바닥에 쏟아 강아지처럼 핥아먹었고, 밀가루를 엎어 온 사방에 뿌리며 장난을 치고, 아줌마가 애써 구워둔 김 한 통을 배가 고파 반나절 만에 먹어치우기도 했다. 1층 집주인이 키우는 크지만 순했던 개 위에 올라타기도 하고 개밥도 종종 나눠 먹었다. 아줌마는 귀가 들리지 않아 항상 내가 저지른 모든 일을 뒤늦게 발견하곤 했는데, 한 번도 얼굴을 찌푸리지 않고 크게 웃고 넘어가셨다. 아무런 소리도 듣지 못하는 삶이었지만 마음으로 행복의 소리에 주파수를 맞추며 사신 것이다.

에드먼드 스펜서는 “불쌍한 사람과 행복한 사람, 부자와 가난한 사람을 만드는 것은 마음이다”라고 말했다. 기분이 나빠지고 싶다면 방법은 끝이 없다. 기분 나빠지기로 작정하면 세상 모든 것이 다 마음에 들 수 없다. 그렇다면 반대로 생각하면 어떨까? 기분 좋아지기로 작정하는 것이다. 그러면 기분을 좋게 만드는 방법도 끝이 없게 된다.

만약 내가 원하던 장소에서 전시를 하고, 모든 작품이 팔리고, 실패 없이 완벽한 성공을 꿈꾸고, 아름다운 꽃이 가득한 식탁에서 요리사가 만들어주는 음식을 먹고, 비싼 선물을 받고, 내가 하기 싫은 모든 일을 하지 않을 때에만 행복하다면, 얼마나 오랜 시간을 불행하게 살아야 할까? 나는 하나뿐인 나의 삶을 그렇게 살고 싶지 않다. 내가 원하는 대로 행복과 사랑, 희망들로 가득 채우고 싶다.

스위스의 철학자 알렉상드르 졸리앙은 목에 탯줄을 감고 태어난 후유증으로 뇌성마비 장애를 얻었고, 세 살 때부터는 17년간 요양시설에서 생활했다. 요양시설에서 전신마비 환자들도 더없이 충만한 즐거움을 누리는 것을 목격했다. 그리고 종교와 시대를 초월한 지혜의 메시지를 통해 집착이 없고 결핍과 동거하는 삶의 자세를 배웠다.

그는 '행복하기 위해서 내게 무엇이 필요할까'를 묻는 대신 '지금 여기서 어떻게 하면 즐거울까'를 물으며 살아왔다. 그는 이 질문을 통해 결핍과 동거하는 법을 배우는 자신만의 여정을 즐기며, 철학과 예술학과 고대 그리스어를 공부했고, 철학에 대한 저술과 강연을 하며 살고 있다. 알렉상드르 졸리앙은 결핍된 삶을 탓하느라 지금 누릴 수 있는 행복을 놓치는 사람에게 이렇게 조언한다.

"우리에게 필요한 것은 치유가 아니라, 상처와 더불어 살아갈 수 있음을 깨닫는 일이다."

삶이 있는 한 행복은 있다. 주위를 둘러보면 온 세상이 경이로운 기적투성이이다. 길가의 이름 모를 풀은 보는 이 없어도 꽃을 피우고, 상처 입은 나무도 묵묵히 열매 맺으며 살아간다. 당신의 존재 자체 또한 경이로움이며, 지금 이 글을 읽는 순간 또한 기적이다. 그러니 행복을 선택해라, 당신은 언제 어디서나 행복하게 살 권리가 있다.

맨몸으로 세상과 만나자 생겨난 일들

니체는 이렇게 말했다.

"인간은 늘 껍질을 벗고 새로워진다. 그리고 항상 새로운 생을 향해 나아간다."

나의 삶에서 껍질을 벗는 첫 번째 여정은 수능시험이 끝난 직후였다. 친구들이 놀러 다닐 때, 나는 운명처럼 부모님을 도와 20개의 매장 중 하나를 맡게 되었다. 매장에는 며칠 전까지 고등학교를 다니던 내가 한 번도 사용해보지 않은 메이크업 제품과 각종 주름 개선 상품 등 다양한 뷰티 제품이 2천 가지는 되었다. 본사 직원이 와서 설명해주고 가격표를 주긴 했지만, 이건 예상문제집 한 권 주고 당장 다음날 시험을 치라는 것과 다를 바 없었다.

고객의 말도 알아들을 수 없고 제품이 눈앞에 보여도 어디 있는지 몰라 손님들에게 골라주지 못하는 그 심정을 과연 누가 알까. 수능이 끝나고 아이들은 기뻐 날뛰었지만 아르바이트를 하러 부모님의 매장에 혼자 있어야 했다. 매장에 가면 주눅이 들고 자신감이 없었다. 처음 며칠간은 매장에 있으면 바보가 되는 기분이 들기도 했다. 나는 매장에서 일을 시작하며 대놓고 물건을 훔쳐가는 다양한 연령대의 도둑들, 고등학생 아르바이트생에게 별별 말을 다 하며 가격을 깎는 고객, 구걸하러 매장에 들러 당장 돈 내놓으라 소리 지르는 갈고리 손 아저씨, 영혼 없는 목탁소리를 들려주며 돈 줄 때까지 가지 않던 정체가 의심되던 스님 복장을 한 사람 등 이상한 사람들도 많이 만났다. 이런 유쾌하지 않은 만남들 때문에 어떤 날은 매장 출근이 지옥처럼 끔찍하게 느껴졌다.

나는 아침이면 제발 시간이 멈추길 간절히 바라며 출근했고, 밤이면 울면서 퇴근했다. 그러나 수많은 좌충우돌 속에서 나날이 성장하기를 선택했다. 매일 울어봐야 달라지는 것은 하나도 없었기 때문이다. 수능 공부하듯 제품명과 가격을 모두 외우고 하루 종일 제품을 테스트하고 본사에 전화해 궁금한 점을 물어보았다. 그리고 서비스와 마케팅 관련 서적을 독파해 그대로 실천했다. 그렇게 한 달이 지나자 제법 노련한 매장 관리자의 눈빛을 하게 되었다.

도둑들이 오면 더 이상 그러지 말라고 따끔하게 경고했고, 돈을 구걸하는 사람들이 오면 영업방해 안 되게 빨리 천 원짜리를 쥐여 보냈다. 나는 라포를 형성하는 법을 배워 짧은 시간 동안 고객을 최대한 기분 좋게 해주고, 고객에게 꼭 필요한 물품만 권해 판매했다. 예민한 고객들과의 마찰로 속이 수없이 썩어 문드러지며 어지간한 일에도 너그러워지게 되었다. 그러자 어린 학생이 싹싹하고 일도 잘한다며 매일 매장을 들리는 단골고객이 많아졌다. 그렇게 사람들이 북적거리니 매출이 늘어갔다. 퇴근시간만 기다리다 집에 오던 내가 일이 재미있어져서 퇴근할 줄 모르고 일하는 날이 늘어갔다.

매출은 혁신적으로 올랐고, 나는 더 크고 좋은 전국의 노른자위 매장으로 옮겨 일하게 되었다. 그간의 노력을 인정받은 것이다. 나는 전국을 다니며 각 지역의 판매왕들을 만나며 빠른 속도로 일을 배웠다. 눈과 귀로 잘 파는 사람들을 계속 관찰하고, 연습해가며 나만의 멘트를 만들어갔다. 그렇게 짧은 기간 엄청난 속도로 성장했다.

나는 바닥에서부터 산전수전을 겪으며 일을 배웠기 때문에 초보들이 어떤 실수를 하는지 훤히 알고 있었다. 그래서 모든 실수들을 매뉴얼로 정리해 입사하는 직원들을 교육시켰다. 당시 나는 스무 살이었고, 교육받는 분들은 주로 30대였다. 그리고 놀랍게도 내게 트레이닝 받은 직원들은 최단기간에 지점장이 되었다.

그렇게 열정을 바쳐 무급으로 일하던 회사가 부도나고, 집도 사라졌다. 스물세 살의 나는 찜질방에서 지내며 다시 일자리를 구했다. 그리고 한 지방 매장의 지점장이 되어 돈을 벌게 되었다. 근무시간이 12시간이 넘어 매장에서 가까운 숙소를 찾아야 했다. 그러나 전세금 없이 구할 수 있는 방은 매장 근처에 없었다. 결국 시장과 붙은 노래방 골목 빨간 불빛의 모텔에서 살아야 했다. 나는 하루 종일 문을 열어놔 먼지가 가득한 매장에서 하루 종일 허리 한번 못 펴고 정리하고, 물건을 골라주느라 쭈그리고 지냈다. 초저가 박리다매 매장이라 매대가 없이 바닥에 물건을 깔아두었기 때문이었다. 그곳은 수도도 화장실도 없는 열악한 매장이었고, 당시 나는 손님들이 몰렸을 때 화장실 다녀오겠다는 말을 차마 꺼내질 못하는 미련한 사람이었다. 더군다나 사람이 붐비는 시장 입구라 도둑질을 하는 사람도 많아 최대한 물을 마시지 않았다. 그렇게 힘들게 하루 일과를 마치고 모텔방에 돌아가면, 취기에 흔들리는 옆방 남녀의 시시덕거리는 소리가 방안 가득 울려 퍼졌다. 나는 그곳에서 무려 1년을 버티며 나와 언니의 대학교 학자금을 모두 갚아냈다. 그곳을 벗어나고 싶다는 생각에 찜질방에서 잠을 자보기로 했지만, 성추행까지 당해 울며 경찰서에 갔던 기억도 난다. 전화기를 주며 부모님께 연락하라는 경찰의 말에 나는 하염없이 울었다. 집이 망하고 모두 뿔뿔이 흩어져 부모님의 연락처가 뭔지 정말 기억하지 못했기 때문이다.

그러나 이런 모든 고생도 해외에서 비자도 없이 일할 때에 비하면 아무것도 아니었다. 외국에서 아무리 아파도 병원에 가지 못했다. 건강보험이 없기 때문이었다. 경찰의 도움을 받을 수도 없었다. 신고하면 그 사람이 처벌받을지는 알 수 없지만 내가 추방당할 것은 확실했기 때문이다. 나는 해외에서 일하는 수년간 사람들이 사회적 약자를 어떻게 대하는지를 뼈저리게 느꼈다. 제아무리 큰 꿈을 품고 달려 나가려 해도, 그들의 눈에 비친 나는 마음껏 착취해도 되는 약자일 뿐이었다.

나는 ○○나라 국민, ○○의 딸, ○○학교 학생, ○○ 직장이라는 소속을 모두 버린 채 맨몸으로 세상과 만났다. 전공이나 이전 직장 경력과 상관없는 허드렛일들이 내 삶을 가득 채웠다. 누구의 힘도, 어느 조직의 도움을 받지도 않고 오로지 '나'라는 사람으로 세상과 마주하는 법을 배워야 했다.

나에게 삶이란 살아야 할지 말지를 선택하는 대상이 아니었다. 무조건 긍정하며 기꺼이 받아들여야 했다. 나는 괴로워도 슬퍼도 그것이 내 운명이라면 기꺼이 받아들여야만 했다. 괴로워도 슬퍼도 그것이 내 운명이라면 기꺼이 끌어안겠다고 다짐하며 눈물을 닦곤 했다. 비록 내 마음대로 풀리는 것이 하나 없는 삶일지라도 묵묵히 잘 살아내는 것이 부모님을 도와드릴 방법이란 생각이 들었다. 운명의 장난에 허우적거리면서도 늘 한 가지만 선택했다. 훌훌 벗어던진 내 맨몸에 새겨진 두 글자는 바로 '희망'이었다. 희망은 그렇게 내 삶의 이유가 되었다. 나는 주어진 삶을 그대로 받아들이고, 그 안에서 어떻게든 희망을 찾고 더 강해져야 한다고 생각했다. 그것이 20대의 내가 선택한 삶이었다.

일본이 낳은 세계적인 건축가 안도 다다오는 주어진 삶을 그대로 받아들이면서도 그 안에서 어떻게든 희망을 찾으며 더 강해졌다. 안도 다다오는 한 인터뷰에서 이렇게 말했다.

"나는 자기 힘으로 싸우면서 살아온 남자다."

안도 다다오는 가난한 가정에서 태어나 대학을 포기하고 프로 권투선수로 살았다. 그러나 링에서 싸우면서 남몰래 건축가를 꿈꾸며 1962년부터 8년간 미국, 유럽, 아프리카, 아시아를 방랑하며 독학으로 건축을 공부했다. 그리고 1969년 건축사무실을 열고 건축가의 첫발을 디뎠고, 1995년 마침내 건축계의 노벨상이라 불리는 프리츠커상을 받으며 거장의 반열에 올랐다.

"한국, 일본, 유럽 모두 학력사회다. 학력이 없는 이는 싸우면 지게 되어있다. 그렇지만 져도 계속 싸우면 한 번은 이길 거라고 생각했다. 무슨 일이든 아침부터 밤까지 하면 길이 보이게 되어있다. 언젠가 내가 아침부터 밤까지 건축 생각을 하지 않는 날이 오면, 그때는 건축을 관둘 것이다."

빛을 좇아 아침부터 밤까지 건축에 몰두하던 그는 세계적인 건축 장인이 되었다. 그리고 그의 성공비결을 이렇게 이야기했다.

"빛은 꿈이다. 나는 늘 꿈을 좇았다."

한국 경영철학의 대가 윤석철 교수 또한 이렇게 말했다.

"생은 명령이다. 생존 경쟁이 아무리 어렵고 부조리가 난무해도 삶은 선택의 문제가 아니라 사명이다."

나는 삶이 너무 힘들다는 생각이 들 땐 함께 봉사 활동하던 한국청년쇄신연합의 김병곤 회장님의 말을 떠올렸다.

"신은 곡선의 자로 직선을 그으시는 분이다."

비록 오늘 내 삶이 굴곡 가득한 곡선이지만, 신이 이런 곡선의 삶으로 반듯하고 멋진 직선을 그을 것이라고 생각하며 미리 감사했다.

몸무게가 100그램밖에 나가지 않는 북극제비갈매기는 해마다 무려 7만 킬로미터를 여행한다. 갈매기의 수명은 30년가량이니 평생 지구에서 달까지 3번 왕복하는 셈이다. 과학자들은 북극제비갈매기의 몸에 위치추적기를 달아 조사했는데, 갈매기들이 북극으로 돌아올 때는 S자 형태로 날아 남쪽으로 갈 때보다 두 배 정도 먼 길을 돌아온다는 사실을 발견했다. 과학자들은 새들이 S자로 비행하는 이유는 대서양을 건너갈 때 항상 일정한 방향으로 부는 무역풍과 편서풍을 이용하기 위한 것이라 추측한다. 비록 거리는 2배 더 멀지만 바람을 이용해 힘을 비축할 수 있으므로 더 효율적인 것이다.

이처럼 아무리 어렵고 힘든 환경에서도 유리한 점과 장점을 찾아내는 사람이 있다. 자신의 꿈을 이루고 싶은 사람은 어떤 상황 속에서라도 희망을 발견해 더 멀리, 더 높이 날아간다.

승리는 상황이 바뀐다고 오는 것이 아니다. 승리는 내가 스스로 일어설 수 없을 때, 내가 혼자 할 수 없다는 사실을 깨달을 때, 그래서 희망이 나를 끌어줄 수 있다는 사실을 알아차릴 때 찾아온다.

삶의 주인공들은 무조건 "Yes"라고 답한다

아버지는 서른이 되기 전 사고와 질병 등의 이유로 다섯 형제를 잃으셨다. 아버지의 유년 시절은 그렇게 잊을 만하면 어김없이 찾아오는 형제들의 장례로 가득 채워진 셈이다. 아버지는 도살장으로 끌려가는 소의 커다란 눈에서 뚝뚝 떨어지는 눈물을 바라보며 '혹시 내 형제가 소로 환생했는데 끌려가 또 죽는 것은 아닌가?' 하는 생각에 수많은 밤을 번뇌와 싸워야 했다.

소리 없는 전쟁이 매일 벌어지던 고통의 삶을 사시던 아버지는 어느 날 바다에서 떠오르는 태양을 보고 싶다는 충동을 참을 수 없었다. 그래서 일을 마친 11시경 무작정 길을 떠났다. 그리고 무려 4시간 동안 구불거리는 길을 운전해 동쪽을 향했다. 그렇게 다음날 새벽에 도착한 강릉 바다에서 어둠을 살라먹고 찬란하게 뜨는 태양을 바라보며 삶의 의지를 다지셨다.

아버지가 30대가 되었을 땐 심장박동수이 느리고 자주 졸도한다는 이유로 보험 가입을 거절당했다. 이 소식을 접한 아버지는 세상을 일찍 떠난 다섯 형제들처럼 갑작스레 당신도 세상을 떠나실까 하는 노파심에 내게 사랑과 욕을 모두 아끼지 않으셨다. 좋은 날엔 거침없이 사랑 표현을 하셨고, 화가 나는 날엔 불처럼 감정을 다 표현하셨다. 나는 그런 아버지를 이해할 수 없었지만, 그래도 온 마음을 다해 사랑했다. 아버지는 매일 유언 같은 말을 하셨다.

"넌 뭐든지 할 수 있어."

곧 죽을지도 모른다는 생각으로 사셨던 아버지 사전에 포기란 단어는 없었다. 아버지는 자는 얼굴에 물을 부어도 일어나지 않는 고집 센 막내딸을 이불째 말아 차에 태워 기어이 일출을 보여주셨고, 대학생 때까지 수년 동안 책 한 권 보지 않던 나를 항상 도서관으로 데려가시고 온 집안을 책으로 도배해 자연스레 책을 읽을 수 있도록 도와주셨다. 그런 아버지의 노력에도 불구하고 책을 거의 보지 않았다. 그러나 위기가 찾아오자 목숨을 걸고 책을 보았다. 그리고 지금은 1년에 200권 이상의 책을 쉽게 읽는 사람이 되었다. 모두 책을 사랑하셨던 아버지의 영향이다.

또한 스무 살이 되기 전까지 모든 종교를 두루 접할 수 있도록 도교, 불교, 힌두교, 기독교의 사상을 설명해주시고 종종 산이나 바다, 강으로 데려가 자연과 하나가 될 수 있는 기회를 주셨다. 아버지의 이런 교육 덕분에 나는 '뭐든지 할 수 있는 사람'으로 성장했다. 열아홉 살에 중동 무역 업무를 보러 간 것도 아버지의 추천 때문이었다. 원래 이 업무는 내 몫이 아니었다. 아버지께서 회사 내 임원들에게 참가 의사를 물으셨는데 모두 고개를 저으며 거절했다. 그래서 별생각 없이 나에게 물었는데 내가 뭘 하는 일인지도 모르면서 단번에 "Yes"라고 답했다는 것이다.

주최 측에선 남성 중심 문화가 강한 중동지방을 방문하는 일정이니 여자는 절대 안 된다고 이야기했으나 아버지의 강한 의지를 꺾을 순 없었다. 이런 사정을 전혀 몰랐던 나는 아무런 편견 없이 기업 대표들과 구청장, 대우 직원들과 함께 비행기에 올랐다. 일정은 단순했다. 이스라엘, 터키, 아랍에미리트를 돌며 현지인들을 만나 무역박람회에 참여하고, 남는 시간엔 여행을 하는 것이었다.

내 기억에 남았던 것은 사해와 광야였다. 눈부신 햇살 아래 살며시 모습을 드러낸 사해는 소금이 뭉쳐져 돌처럼 덩어리져 있어 얼핏 보면 눈 덮인 강가를 보는 듯한 착각이 들었다. 조금 찍어 맛을 보니 단순히 짠 것이 아니라 엄청난 광물질 때문에 쓴맛이 났다. 물의 염도가 일반적인 바다보다 7배나 높아 수영 못하는 사람이 물에 들어가도 둥둥 떠올랐다. 이스라엘에는 두 개의 호수 같은 바다가 있는데 하나는 죽은 바다인 '사해'이고, 다른 하나는 히브리어로 살아있는 바다라고 불리는 '갈릴리 호수'다. 사해는 물이 들어오는 곳만 있고 나가는 곳이 없어서 염도가 높아 어떤 생명체도 살 수 없는 죽음의 바다다. 갈릴리 호수는 물이 들어오는 곳도 있고 나가는 곳도 있어 순환이 잘 되기 때문에 많은 생명체가 번성한다. 이처럼 모든 것을 받고 답하지 않는 물은 죽은 바다가 되고, 모든 것을 받고 답하는 물은 모든 생명체가 살아 숨 쉬는 바다가 되는 것이다.

나는 30대의 예수가 광야에서 40일 동안 견뎌냈다는 사실은 알고 있었다. 광야는 작은 풀 한 포기 없는 허허벌판이라 한밤중 작은 불 하나를 켜면 온갖 짐승들이 찾아올 정도였다. 그러나 몸을 숨길 만한 건 아무것도 없었다.

'예수는 끝도 보이지 않을 이 황량한 땅에서 어떻게 고독을 견뎌낸 걸까?'

나는 그가 자신의 현실을 바라보지 않고 끝없이 하늘을 바라보며 "Yes"라고 답하는 장면을 떠올렸다.

다음날 정장으로 갈아입고 최대한 나이 들어 보이게 화장한 나는 업무가 시작되는 컨벤션센터로 향했다. 각자 개인 부스에서 물품들을 깔아두고 맨투맨으로 방문하는 현지바이어들을 상대했다. 나는 참석한 사람 중 최연소에 동양인 여자라는 점 때문이었는지 자연히 많은 주목을 받았다. 현지인들이 끊임없이 몰려와 질문을 던졌지만 당황할 이유가 없었다. 지난 몇 개월간 이미 수백 번씩 팔아본 물건을 그저 영어로 말하는 것이니 특별히 어려울 게 없었던 것이다. 나의 능숙한 고객응대 모습에 다른 회사 임원들은 "어린애가 보통이 아니네!", "웬만한 임원보다 일을 더 잘하잖아!"라며 감탄을 금치 못했고, 자녀들에게 보여준다며 내 사진을 찍어가기도 했다.

스물여덟 살의 봄에도 "Yes"의 기적은 계속되었다. 북미에서 활동하다 아버지를 뵈러 잠시 들른 한국에서 교수님을 만나 담소를 나누는데, 교수님께서 눈을 반짝이며 "이 이야기 그대로 애들에게 들려줘"라고 하셔서 "Yes"라고 답했다. 그리고 며칠 뒤 넓은 강의실에서 대학원생들을 대상으로 나의 이야기를 강의하게 되었다. 나는 미술대학과 문과대에서도 여러 차례 강의했는데 학생들의 반응이 너무도 뜨거웠다. 귀국 후에도 휴대폰과 이메일에 감사의 메시지가 가득할 정도였다.

같은 해 가을에도 선택의 순간이 있었다. 캐나다 한인 미술인

협회 최회권 회장님의 “이날 시간 있나요?”라는 질문이었다. 내 대답은 이번에도 “Yes”였다. 그리고 나는 온타리오주 주의회장에서 열린 행사에 내가 직접 디자인한 아름다운 한복을 입고 한인미술가 대표로 참석했다.

같은 해 겨울엔 인터넷상으로 알게 된 가수 비의 매니저 조경호 씨가 “투어가 있으니 라스베이거스에 와요”라고 제안했다. 나는 잠시 주저했다가 곧 “Yes”라고 답했다. 그리고 그 해 라스베이거스 시저스 팰리스 호텔에 머무르며 시저스 콜로세움의 무대에서 쇼디렉터들과 스태프들과 함께 비의 크리스마스 공연의 리허설 모습부터 마무리까지의 전 과정을 지켜보았다. 매니저의 소개로 나는 감독님들과 친해져 함께 그랜드 캐니언을 여행하기도 했다. 제이강 감독님은 사양길로 접어든 서커스에 다양한 스토리와 음악, 무대장치들을 융합한 ‘태양의 서커스’를 보여주시며 나에게 새로운 영감을 선물해주었다. 나는 감사하는 마음에 그림 한 점을 선물했다.

이 모든 것이 가능케 한 마법의 주문은 바로 “Yes”였다. “Yes”는 당장 기회를 잡겠다는 적극적인 표현이며, “나는 뭐든지 할 수 있어”라는 절대 긍정의 메시지다. 단순해 보이는 이 단어로 사랑에 빠진 세기의 커플도 있다. 비틀즈의 멤버 존 레논은 우연히 전위예술가 오노 요코의 전시회에 가게 되었는데, 전시품 가운데는 사다리를 타고 올라가 벽에 쓰인 작은 글씨를 돋보기로 들여다보는 작품이 있었다. 존 레논은 호기심을 느끼고 힘겹게 사다리를 타고 올라가 돋보기로 글씨를 들여다보았는데 그곳에 의미심장한 단어 하나가 그를 맞이했다.

"Yes."

우울한 성장기를 보냈던 그에게 "Yes"라는 단어는 '절대 희망' 그 자체였다. 그는 오노 요코의 작품에 큰 충격을 받았고 그녀에게 사랑을 느끼게 되었다. 세기의 커플은 이렇게 긍정의 힘으로 맺어졌다.

미국 프로 스포츠 역사에 길이 남을 탁월한 성과를 거둔 릭 피티노 전 NBA 보스턴 셀틱스 감독은 성공의 비결을 긍정에서 찾는다.

"나는 하루 중 내가 하는 일의 98퍼센트에 긍정적이다. 나머지 2퍼센트는 어떻게 하면 매사에 긍정적이 될 수 있을까를 궁리하는 일이다."

긍정심리학의 창시자인 마틴 셀리그만 교수는 20년간 무려 35만 명의 사람들과의 인터뷰를 통해 다음과 같은 결론을 이끌어냈다.

"긍정적이고 낙관적인 사람은 세상과 자신에 대하여 보다 많은 에너지와 열정을 갖게 되고 나아가 면역체계도 강해져 질병에 대한 저항력이 커져 정신적으로나 육체적으로 활동할 수 있는 에너지도 더 많아진다. 따라서 성공하고 행복한 삶을 살기 위해서는 세상을 긍정하고 만나는 사람들을 존중해야 한다."

자신이 주인이 된 행복한 삶을 사는 사람들은 선택과 결정을 마주하게 될 때 무조건 "Yes"라고 답한다. 스티븐 코비 또한 "Yes"라고 말하길 주저하는 사람들에게 이런 명언을 남겼다.

"가장 큰 위험은 위험 없는 삶이다."

아무리 많은 기회가 다가와도 "Yes"라고 답하지 않는다면, 받기만 하고 내어놓지 않는 사해와 다를 바 없다. 그러니 기회가 찾아올 때 먼저 "Yes"라고 답하는 습관을 들여라. "Yes"는 인생의 모든 것을 바꾸는 마법의 주문이다. 무엇이든 시도하라.

한 번의 "Yes"가 모든 변화의 시작이다. 당신은 원하는 모든 것을 시도할 자격이 있다. 넘어져도 괜찮다. 결국 다시 일어서 멋지게 해낼 수 있기 때문이다. 당신은 반드시 잘될 사람이며, 하는 일마다 잘 풀릴 사람이다. 당신이 진정 원한다면 무엇이든 해낼 것이다.

행복의 반대는 불행이 아니라 비교다

여행을 하다보면 입만 열면 투덜거리는 사람들을 만나게 된다. 투덜거리는 사람은 이 세상 어디를 가도 투덜거린다. 뉴욕에서 만난 한 유학생은 입만 열면 "나는 좁은 내 방이 싫어요. 전철타고 다니는 것도 싫고, 어학원에 가면 동양인들이 많아서 싫어요"라고 원망을 했다. 다달이 한국에서 학비와 생활비를 포함해 600만 원이나 받음에도, 물가가 비싼 뉴욕에선 그 돈으론 한국에서처럼 차를 타고 다니거나 예쁜 집에 살 수 없다는 이유였다. 나는 그 말을 듣고 이렇게 생각했다.

'왜 자신이 원하는 것을 바로 말하지 않고 한숨을 쉬거나 불평하는 걸까?'

원망하며 비교하는 사람을 좋게 볼 사람은 아무도 없다. 원하는 게 아니라며 투덜대는 것은 건설적이지 못하다. 원하는 바를 생생하게 떠올리고, 구체적으로 실행해서 얻으면 모든 문제는 해결되기 마련이다. 사과 한 박스를 샀는데 썩은 사과가 눈에 띄는가? 그렇다면 주인에게 달려가 왜 썩은 사과를 파냐고 불평하기보다 원하는 것을 먼저 말하라. 싱싱한 사과를 원한다고 먼저 이야기하고 썩은 사과를 보여주면 굳이 불평하며 서로 기분 상하지 않아도 문제가 자연스레 해결된다. 즉, 언제든 자신이 원하는 바가 있으면 그것부터 말하라는 뜻이다.

행복의 반대말은 무엇일까? '불행'이 아니라 '비교'다. 그러니 비교하는 습관을 버려야 한다. 비교하면 그때부터 불행해지고 지옥 같은 심정으로 살게 된다. 어느 수도원에 악마가 들어가 한 거룩한 수도자의 귀에 이렇게 속삭였더니 순식간에 그의 얼굴이 일그러졌다. 악마가 그에게 이렇게 속삭였다.

"신이 너보다 저 수도자를 특별히 사랑하신다."

매일 기도하며 사는 수도자도 비교가 시작되는 순간 마음이 지옥으로 추락했다. 하물며 그냥 사는 사람들은 오죽하겠는가. 그러니 최대한 비교하는 습관을 버려야 한다. 집 두 채 있는 사람은 집 네 채 가진 사람과 자신을 비교하면 불행해지고, 직장을 다니는 사람은 자영업자를 보며 비교하면 불행해지고, 필리

핀에서 유학하는 사람은 유럽에서 유학하는 사람과 비교하면 불행해진다.

비교하는 사람들은 대부분 질투와 미움, 분노와 시기로 마음이 복잡해진다. 이전의 나 또한 자주 투덜거렸다. 날이 더우면 덥다고 투덜거리고, 날이 추우면 춥다고 투덜거리고, 원하던 나라에 도착해도 이전 나라에 비해 뭐가 불편하다고 투덜거렸고, 일을 하면서도 허드렛일은 싫다며 투덜거렸다. 심지어 얼굴, 키, 몸매, 피부색 등 모든 것을 유명 연예인에 비교하며 투덜거리기도 했다. 그런데 어느 날 기사를 보니 내가 닮고자 했던 연예인이 자신의 몸매와 얼굴에 대해 불만족스럽다고 말한 기사를 보고 깨달음을 얻었다.

'이렇게 완벽한 사람도 만족하지 못하고 사는데……. 맞아, 욕망은 끝이 없는 거구나. 이제부터 먼저 주어진 것에 감사하며 살아야겠다.'

배우 박신양은 강연장에서 러시아 유학 시절이 너무 힘들었다고 회상했다. 그렇게 힘들어하던 그에게 러시아 선생님은 한 권의 시집을 건네주었다. 러시아 시에는 이런 내용이 적혀 있었다.

"당신의 인생이 왜 힘들지 않아야 한다고 생각하십니까? 인간의 착각은 바로 행복이 힘들지 않은 인생이라 여긴다는 겁니다."

그는 '힘들면 행복한 인생이 아닌 것인가?'라는 질문에 많은 것을 느낄 수 있었다. 그리고 그 깨달음을 나누며 가장 힘든 시기까지 사랑하는 법을 배우라고 조언했다. 생각해보면 즐거울 때보다 힘들 때가 더 많은 것이 인생이었다. 그러므로 나의 힘든 시간을 사랑하고 받아들이지 않으면 그것은 나의 인생을 사랑하지 않는다는 뜻이 된다. 그렇게 나의 삶의 돌아보니 내 삶이 새롭게 느껴졌다. 힘든 시간도, 그리고 행복했던 순간까지 모두 신의 선물이었고 축복인 것이다.

찰스 스펄전은 이렇게 말했다.

"촛불을 켜놓고 감사하는 자에게 신이 형광등을 주시고, 형광등을 켜놓고 감사하는 자에게 신이 달빛을 주시고, 달빛을 보고 감사하는 자에게 신이 태양빛을 주시고, 태양빛을 보고 감사하는 자에게 신이 천국의 빛을 주신다."

감사하는 마음, 설레는 마음으로 모든 일을 하면 삶에 변화가 생긴다. 나는 항상 의식적으로 웃기 위해 노력하곤 했다. 면접 보러 갈 때도 평소 입고 싶었던 꽃무늬 원피스를 입고 갔다. 예전엔 면접에 떨어질까 두려워 말도 제대로 못 했는데, 이젠 면접이야 어떻든 '뽑히려면 무슨 옷을 입어도 뽑히겠지'라는 생각에 화사하게 입고 간 것이다.

그리고 신기하게 가는 곳마다 합격했다. 긴장해서 얼어붙은 구직자 중에서 상대적으로 여유로워 보이는 내 모습이, 다채로운 이력과 함께 굳이 이곳에 뽑히지 않아도 갈 곳은 많다는 당당한 태도가 강점으로 작용한 것이다.

공들여 쓴 아트 칼럼이 편집되어 내용이 이상해졌을 때도 화를 내기보다 칼럼이 연재되는 것에 감사했다. 그려놓은 수백 점의 그림이 잦은 이사와 가난으로 보관이 제대로 되지 않아 버려졌음에도 아직 내가 살아있어 앞으로 더 많은 그림을 그릴 수 있음을 감사했다. 갑자기 쓰러져 혼자 힘으로 화장실에 갈 기력조차 없었을 때는 곁에 요강이 있음에 감사했고, 심한 탈수증으로 눈이 보이지 않게 되었을 때도 우리 가족 중 다른 사람이 아닌 내가 아픈 것에 감사했다.

원치 않는 것을 접할 때도 많았다. 물론 이럴 땐 먼저 불평이 튀어나오려고 한다. 그러나 뱉지 않은 말은 싹트지 않는다는 신념으로 튀어나오려는 불평을 꿀꺽 삼켰다. 맘에 들지 않는 선물을 받아도 일단 "감사합니다" 하며 넘겼고, 쓰는 동안 기쁜 마음으로 사용했다. 모든 일에 따라붙는 소소한 불만까지 가벼이 지나갈 수 있는 사소한 문제라 여기고 알아서 조용히 해결했다.

캐나다의 평신도 공동체 마돈나 하우스의 멤버들은 평생 일하지만 사유재산이 없고 평생 동정을 서원해 결혼도 하지 못한다. 그들이 이용하는 물품 대부분은 기증받은 것이다. 그런데도 결혼하고 돈도 많은 이 세상 어떤 사람보다 더 행복하게 살고 있다.

나는 마돈나 하우스를 방문해 세탁소에서 많은 세탁물을 개는 일을 했다. 그런데 그날 내가 개던 남성용 속옷은 구멍이 30개도 넘었다. 물 한 방울까지 절약하시던 나의 친할머니도 걸레로도 못 쓴다며 버릴 것 같은 속옷이었다. 나는 보는 순간 쓰레기통에 던지고 싶다는 충동을 누르며 담당자에게 물었다.

"이건 좀 심하지 않나요?"

나의 질문에 담당자는 이렇게 답했다.

"구멍 난 속옷이 뭐 어때서요? 그 사람은 그 속옷으로도 충분히 행복해요."

나는 머리를 한 대 맞은 듯 충격에 휩싸였다. 그는 나와 전혀 다른 관점이었다. 그는 속옷에 난 수많은 구멍에 집중하지 않고 아직 밴드가 멀쩡하고, 보이는 곳보다 가릴 곳이 더 많다는 사실에 집중했다. 나는 그의 모습을 떠올릴 수 있었다. 그는 분명 매일 구멍투성이인 삶 속에서도 콧노래를 흥얼거리며 천진난만하게 살아가리라.

당신이 불평하며 사는 이유는 당신의 현실과 충분히 사랑에 빠지지 않았기 때문이다. 그렇기에 시간과 정성을 들여 현실을 사랑해야 한다. 매일 자신의 장점을 찾아내는 데 몰입하고, 조물주가 선물해준 아름다운 자연을 만끽하는데 몰입하고, 함께 먹는 구수한 된장국의 맛에 몰입하고, 매일 당신 곁에서 잠을 자는 가족들의 꼼지락거리는 발가락을 보는 즐거움에 몰입해보라. 그러면 이런 모든 것이 거저 주어짐에 감사가 절로 나온다.

당신이 시험을 앞두고 공부하는 것처럼, 경기를 앞두고 운동 연습을 하는 것처럼 매일이 주는 소박한 삶의 즐거움에 집중하는 연습을 해보라. 집중하면 보이고, 보이면 더 사랑하게 된다. 그렇게 신이 당신의 삶속에 숨겨놓은 보물들을 찾아낼 때 당신은 더 행복해진다.

겨울이 길어도 때가 되면 꽃은 핀다

나는 도덕경의 한 구절 같은 배우자와 함께하는 생활을 꿈꿨다.

"땅과 가까이 살고 명상을 할 때에는 마음 깊숙이 들어가라. 다른 사람과 사귈 때는 온유하고 친절하라. 진실되게 말하고, 정의롭게 다스리라."

나의 남편은 강릉에서 태어나 평생 농사를 지으시던 부모님과 흙을 만지며 살던 순박한 사람이었다. 우리는 결혼 후 함께 작은 텃밭을 가꾸기도 했는데, 씨앗을 뿌리고 싹이 틀까 매일 노심초사하는 나와 다르게 그는 항상 여유로웠다. 그는 수많은 경험을 통해 이미 각각의 씨앗에서 알맞은 작물이 재배된다는 확신이 있었다. 그렇기에 결과를 미리 알고 여유롭게 기다릴 수 있었다. 이런 그의 단단한 내면은 우리에게 다가온 큰 시련 속에서 빛을 발했다.

결혼 후 나는 그토록 원했던 임신 사실을 알게 되었다. 그러나 자궁에 피가 고여 있다는 의사의 진단을 받고 외출을 삼가고 몸을 조심했다. 그러던 어느 날 감기에 걸려 누운 뒤 더 이상 일어날 수가 없었다. 피부는 창백하고 눈에 초점은 흐려졌으며 온몸은 비처럼 쏟아지는 땀으로 뒤덮였다. 태어나서 그렇게 단기간에 살이 빠지게 된 것은 처음이었다. 나는 이유도 모른 채 여러 병원을 전전하다 한의원에 들러서야 내 신장에 이상이 있음을 알게 되었다.

그러나 임신 중이었기에 고작 수액 한 통을 맞고 한의원에서 침을 놓는 것 외엔 아무런 손을 쓸 수 없었다. 뭐라도 먹으면 30분간 온몸의 진이 빠지는 끔찍한 구토가 이어졌다. 배가 고프면 눈앞에 별이 동동 떠다니며 가만히 있어도 핑핑 도는 느낌이었다. 마치 뜨거운 목욕탕에서 오래 머무를 때 느끼는 어지러움이었다. 온몸에선 끊임없이 땀이 흘러 면티를 쌓아놓고 하루에도 수차례 갈아입지 않으면 추워서 덜덜 떨렸다.

컨디션이 최악일 땐 미지근한 물 한 잔을 마시는 데도 한 시간이 걸렸다. 그마저도 잠시 시간이 흐르면 모두 토해내곤 했다. 이런 상황에선 설탕 외엔 아무것도 먹을 수 없었다. 비참했다.

물도 못 마시며 며칠을 굶고 나니 목이 너무 말라 견딜 수 없어 물을 입에 머금고 뱉기를 반복했다. 그리고 사흘째가 되어가니 그때부턴 노란색 위액이 나오기 시작했다. 그리고 이상한 향이 나는 쓰디쓴 침이 입 안 가득 고였다. 마치 고여 있는 썩은 물에 가득한 녹조처럼 끈끈한 침을 차마 삼킬 수 없어 온종일 뱉어냈다. 일주일이 지나니 눈앞의 모든 것이 먹을 것으로 보였고, 아주 작은 빛에도 눈이 시려 눈을 뜨기 어려웠다.

몇 개월 만에 내 모습은 처참하게 변했다. 머리카락은 빠져나가고 두피엔 비듬이 가득하고 입고 있는 옷은 항상 땀으로 축축했다. 밤낮으로 심한 오한이 들어 옷을 네 겹이나 껴입고 양말을 항상 신어야 했으며, 먹은 것 없어도 끊임없이 구토를 했다. 그러나 남편은 매일 아침저녁으로 희망의 씨앗을 뿌렸다.

"우리 아내가 얼마나 예쁜데, 지금 아프니까 이런 모습이지. 걱정하지 마. 금방 회복할 거야. 난 내년 이맘때 건강하고 예쁜 아내가 아기를 안고 있는 모습이 상상되는걸?"

나는 그의 말을 들으며 회복될 내 모습을 그려볼 수 있었다. 그는 나를 간병하는 데 모든 노력을 기울였는데, 회사를 휴가 내고 나를 매일 병원에 데려다주었고, 퇴근 후엔 침상 옆에 내가 종일 뱉어낸 가래와 침, 구토의 흔적들을 정리해주었다. 내가 스스로의 힘으로 화장실에 갈 수 없게 되자 싫은 내색 없이 하루에도 수십 번씩 나를 안고 화장실에 데려다주었고, 내가 새벽에 무뇨와 빈뇨 증상으로 고작 한두 방울의 소변을 보기 위해 변기 위에서 몇십 분씩 씨름할 때도 고양이 옹이와 함께 화장실 밖에 기대앉아 졸면서 기다려주었다.

나의 증상은 점점 악화되었다. 나중엔 너무 예민해져 평소엔 느끼지도 못했던 남편의 숨 냄새를 맡고 비위가 상해 구토를 참을 수 없었다. 엘리베이터에 타면 함께 타고 있는 모든 사람의 각기 다른 숨 냄새를 전부 맡을 수 있었다. 후각이 너무 예민해진 것이다. 남편은 나를 위해 향이 없고 간단히 먹을 수 있는 빵이나 주먹밥 등으로 끼니를 대신하며 눈에 띄게 말라갔다.

보통 일주일에 6일을 병원에 갔는데, 몸이 불편하니 가면서 계속 구토가 나와 차로 5분 거리에 있는 병원을 1시간이 넘어야 도착했다. 집에서 옷을 입다 토하고, 엘리베이터에 탔다가 토하고, 차에 타기 전에 토하고, 차 타고 가며 토하고, 주차하며 토하고, 다시 병원으로 가는 길에 토했다. 남편은 비닐봉투와 물티슈를 가지고 다니며 대낮부터 취한 사람처럼 비틀거리며 아무데서나 토악질을 하는 나를 손가락질하는 사람들의 시선에서 지켜주었다.

나는 죽을 먹을 기운도 없어 포도당 알약이나 물엿, 설탕을 녹여 먹으며 살았고, 스스로 서질 못해 부축받거나 두 팔로 다리를 끌고 기어다녔다. 눈이 보이질 않고 빛에 약해져 낮엔 암막커튼을 치고 선글라스를 끼고 생활했으며, 밤에는 촛불 하나를 켜두어도 눈이 아려와 견딜 수가 없었다. 멀쩡하던 사람이 이렇게 몇 개월간 고통을 겪으니 심신이 허약해서인지 새벽 세네 시쯤엔 악몽에 시달리다 깨곤 했다. 그럴 때면 어디선가 이상한 소리가 또렷이 들려왔다.

"배 속의 아이는 내 거야. 넌 곧 죽으니 빨리 포기해."

수십 번씩 내 아이를 자신의 아기라 우기는 끔찍한 소리, 임신한 어미에게 이것보다 더한 악담이 어디 있을까. 나는 두려움에 흐느끼기 시작했고, 울음소리가 걷잡을 수 없이 커져 갔다. 항상 밝고 명랑하던 내가 크게 우는 소리에 놀라 잠에서 깬 남편은 영문도 모른 채 나를 안고 함께 울어주었다. 나는 죽음에 대한 두려움보다 헤어짐에 대한 안타까움이 더 컸다. 결혼한 지 1년도 안 됐는데 아기와 남편만 남기고 세상을 떠날 순 없었다.

그러나 삶과 죽음은 하늘의 뜻이었기에 하늘에서 손을 내밀면 난 언제든 따라가야 하는 처지였다. 나는 훗날 아기가 엄마에 대해 물을 때 "최선을 다해 남겨진 시간을 활기차게 살았다"라고 그가 설명해주는 모습을 상상해보기도 했다. 내가 죽더라도 아기는 살려달라고, 그리고 남편을 잘 돌봐달라고 매일 눈물로 기도했다. 갈비뼈가 부러질 듯 들썩거리고 눈알이 뽑혀 나올 듯한 고통스러운 구토를 하루에도 수십 번씩 할 때면 차라리 죽었으면 좋겠다는 생각이 들기도 했다. 나는 그렇게 삶의 의욕을 잃어가고 있었다.

그는 내가 악몽과 환청에 시달린다는 이야기를 듣고 아무 말 없이 나를 성당에 데려다주었다. 어느 날 성당에서 놀라운 메시지를 접했다. 성당에 앉아있을 때 갑자기 내 몸 안에서부터 느껴지던 메시지였다.

"어떤 말을 듣거든 누가 한 말인지 반드시 확인해라. 그리고 내가 한 말이 아니라면 전부 흘려버려라. 나는 반드시 너와 태중의 아기를 지켜주겠다."

이 말을 듣고 생각해보니 밤마다 꿈이나 환청을 통해 저주를 퍼붓던 존재는 분명 신은 아니었다. 그러니 내가 그 말을 귀담아들을 이유가 전혀 없었다. 놀라운 깨달음이었다. 그날부터 나는 환청이 들리면 하늘이 우리를 지켜주고 있으니 당장 떠나가라며 바로 꾸짖었다. 그러자 이상한 꿈이나 환청이 더욱 심해지며 상상할 수 없는 고통이 계속되었다. 나는 계속해서 하늘의 도움을 청했다. 그러자 몸의 증상들이 더욱 악화되어 혼자 힘으로 아무것도 할 수 없었다. 하루 종일 누워 앓으며 설탕 탄 물을 조금 마시고 요강을 사용하는 것이 내가 할 수 있는 전부였다. 길고 힘든 연단의 시간이었다.

어느 날 병원을 가던 길 사거리에 탐스럽게 핀 목련꽃을 보았다. 아직 날이 쌀쌀해 다른 꽃들은 준비 중인데 목련은 제일 먼저 활짝 피며 다가오는 봄을 알리고 있었다. 아름다운 꽃이 만개한 모습을 보니 마음이 설레었다. 뱃속 아기도 힘찬 발길질로 내게 생명력을 불어넣었다.

'겨울이 아무리 길어도, 때가 되면 꽃은 핀다.'

내 안의 꽃도 피어야 했다. 아무리 아프고 힘들어도 어떻게든 살아야 했다. '희망 발굴대'처럼 숨어있는 모든 희망을 찾는 데 열중했다. 내 인생에 오직 '살아있기'라는 단 하나의 목표만 남았다.

노벨상 수상자인 라빈드라나트 타고르는 "인생이란 책을 들춰보면 대부분의 페이지는 텅 비어있다. 당신의 사색으로 그 공간을 채워가야 한다"라고 말했다. 나는 나의 빈 공간을 온통 '희망'과 '감사'로 채우고 싶었다. 나는 즉시 내가 하는 모든 말에 "감사합니다"를 붙였다. 토를 하면서도, 악몽을 꾸고 몸이 악화되어도, 환청이 들려도 내가 살아있음에 깊이 감사했다. 그러자 모든 것이 단순해지고 삶이 즐거워졌다.

남편 또한 매일 감사하며 틈만 나면 기타를 들고 찬양곡을 연주하고 춤을 추며 나를 즐겁게 해주었다. 그는 한 번도 싫은 내색 없이 계속 마실 따뜻한 물을 가져다주었고, 죽을 만들어 먹여주고, 온몸을 주물러주었다. 밤이면 열 배로 고통을 느끼는 내가 "이렇게 해줘, 저렇게 해줘"라고 부탁해도 싫은 기색 없이 도와주었다. 내가 원하는 대로 왼쪽 오른쪽으로 번갈아 눕혀주고, 때로는 번쩍 안아 일으켜주고, 옷을 갈아입히거나 화장실에 부축해주며 하루에도 수십 번씩 들었다 놨다 하면서도 한 번도 싫은 내색을 보이지 않았다.

그리고 매일 배를 어루만지고 입을 맞추며 태중의 아기에게 함께할 행복한 미래를 이야기했다.

"아가야, 예정일 꽉 채워서 건강하게 나오면 아빠가 엄청 재미있게 놀아줄게. 엄마는 크게 쓰임 받으려고 이렇게 힘든 시기를 보내는 거야. 그러나 잘 이겨낼 수 있으니 걱정하지 마. 내년엔 우리 셋이 엄마 아빠 신혼여행 갔던 푸껫으로 놀러가자."

끊임없이 희망의 씨앗을 뿌려라

남편은 나에게 끊임없이 희망의 씨앗을 뿌렸다. 평생 씨를 뿌리며 자라온 그에겐 씨앗은 반드시 열매가 맺힌다는 확신이 있었다. 그리고 그의 믿음처럼 씨앗들은 고난을 뚫고 놀라운 생명력으로 열매를 맺기 시작했다. 나는 그가 일하러 간 사이 기도 CD와 좋은 강의를 들으며 시간을 보내며 '희망'을 노래하는 강연가와 저자를 꿈꾸었다.

나는 감사했다. 예전에 비한다면 아무것도 할 수 없는 상황이지만 그래도 할 수 있는 최선을 다하고 있었기 때문이다. 내가 받아들여야 할 나의 한계라 생각하며 받아들였다. 고통의 한가운데에서 꾸준히 그와 성당을 찾아 위안을 받았다. 미사 후 사람들이 하나둘씩 빠져나가는 분주함 속에서 그와 함께 감실을 고요히 바라보며 세상이 줄 수 없는 가득한 평화를 느끼곤 했다. 아무 말이 필요없이 모든 것이 충분했던 침묵 속에서 나는 계속 살아있기를 선택했다.

거동이 불편해지자 혼자 서있는 것이 불가능했다. 그때부턴 그가 욕실 바닥을 데우고 목욕물을 받아 내 몸을 귀한 보물처럼 조심스레 씻겨주었다. 작은 온도 변화에도 죽을 것처럼 고통스러워서 미리 드라이기로 따뜻하게 데운 옷을 입혀주고, 눕힌 채 머리카락을 한올한올 말려주었다. 나는 머리카락을 스치는 그의 손길과 따스한 바람을 느끼며 행복하게 잠이 들곤 했다. 우리는 항상 하늘을 바라보며 자주 웃었다. 어느 날부터인가 하늘도 그런 우리의 모습을 보고 웃는 것 같았다.

매일 힘든 가운데에서도 미소가 끊이지 않았다. 그리고 어느 날 내 배에 은빛 십자가 형상이 떠있는 꿈을 꾸었다. 그 십자가가 서서히 사라지며 작은 나의 아기 모습이 선명히 그려졌다. 남들에겐 그저 꿈일 수 있었지만, 몇 달간 밤마다 끔찍한 환청과 가족이 고통받는 악몽에 시달리던 내겐 기적과도 같은 축복이었다. 그리고 그날 이후 놀랍게 몸이 조금씩 나아졌다.

냉장고 문만 열어도 구역질이 올라와 하루 종일 거실로 나오지도 못했는데 잠시 숨을 참으면서 냉장고 문을 열게 되고, 서지 못해 두 팔로 몸을 끌고 다녔는데 잠시 서있는 것도 가능하게 되었다. 한 방울의 소변을 보려고 몇십 분 동안 아랫배를 쥐어짜는 고통을 겪었는데, 소변보는 횟수나 양 또한 늘어갔다. 화장실 복도에서 나를 기다리던 남편이 몇 달간 '똑똑' 떨어지던 소변 소리만 듣다가 어느 날 '쪼르르' 하는 소리를 들었다. 나 또한 그 소리를 듣고 내 귀를 의심했다. 내 신장이 회복되고 있다는 신호였다. 우리 부부는 눈을 동그랗게 뜨고 환호성을 지르며 박수를 쳤다.

나는 올림픽에서 금메달을 딴 운동선수처럼 의기양양한 표정으로 그의 부축을 받으며 침대로 돌아왔다. 그리고 한참 동안 기쁨과 감사의 눈물을 흘렸다. 병은 나를 아프게 했지만, 동시에 내게 주어진 삶이 얼마나 귀한 것인지 알려주었다는 생각에 감사했다. 내가 얼마나 살 수 있을지는 알 수 없었다. 그러나 살아있는 순간을 얼만큼의 희망으로 채울지는 정할 수 있다는 확신을 가졌다.

삶은 우리에게 끊임없이 기적을 가져다주었다. 손발도 꼼짝 못 하고, 눈이 아파 집에서도 안대를 끼고 지내던 내가 다시 눈을 뜬 채 밖으로 걸어 다니기 시작했다. 그리고 임신 7개월즈음부터 밥 한 공기를 다 먹을 정도로 건강해졌다. 그때부턴 정말 작정하고 먹었다. 아기를 3킬로그램대로 건강히 출산하는 것이

나의 최대 목표였다. 남편은 부지런히 먹이를 물어주는 어미 새처럼 내가 먹고 싶어 하는 모든 음식들을 구해주었다.

그렇게 우리는 삶과 죽음을 가르는 도박에서 이겼다. 예정일을 넘기고 자연분만으로 건강히 태어난 첫째를 바라보며 눈이 떠지지 않을 때까지 부둥켜안고 기쁨의 눈물을 흘렸다. 첫째는 목에 탯줄을 감고 태어났으나 무척 건강했고 놀랍게도 3.13킬로그램이었다. 출산 후 어마어마하게 부은 몸에선 비 오듯 땀이 흐르며 자궁에 남아있던 찌꺼기들이 매일 같이 피로 쏟아지곤 했다. 가슴은 수백 개의 바늘로 찌르는 듯 따갑고 찌르르한 느낌이 들며 모유가 만들어졌다. 임신과 출산을 겪으며 내 자신이 조물주가 만드신 참으로 신비한 창조물이라는 생각이 들었다. 처음이라 어리둥절해하는 나와는 달리 내 몸은 엄마로서의 역할을 충실히 하고 있었다.

임신 중에도 힘들었지만 출산의 고통은 정말 상상을 초월했고, 이후엔 절개한 수술 부위 때문에 대소변을 볼 때마다 기도가 절로 나왔다. 가슴에 젖이 차오를 때, 젖을 짜낼 때의 통증도 참기 어려웠다. 나는 밤중수유로 출산 후 항상 두 시간 간격의 쪽잠만 잤다.

나는 그때 하늘이 허락해주신다면 아이를 더 낳고 싶다고 빌었다. 출산과 임신이 힘들긴 했어도 임신 중 몇 달 동안 요단강 앞에 텐트 치고 살았던 것에 비하면 모두 지나가는 소나기일 뿐이었다. 나는 임신기간 41주 동안 성당에서 많은 힘을 받았기에 아이를 낳고도 바로 성당을 향했다. 늦가을 쌀쌀한 바람에 산후풍이 염려되어 옷을 있는 대로 껴입은 나와 아기는 눈사람들처럼 보였다.

유아실엔 마침 아무도 없었다. 나는 따뜻한 유아실 바닥에 방석을 여러 개 깔고 그 위로 겉싸개를 펼쳐 아기를 눕었다. 그리고 아기가 잠든 모습을 바라보는데 코끝이 찡했다. 임신기간 내내 이곳에서 아이 낳고 건강히 함께 올 수 있게 해달라고 빌었더니 정말 이루어진 것이다. 미사 중엔 미사를 보는 건지 아기를 보는 건지 남편과 나 모두 실실 울다 웃다 감정조절이 불가능했다.

나는 죽어도 괜찮으니 아이만이라도 살려달라고 빌고 또 빌었는데, 이렇게 모두 함께 있으니 얼마나 놀라운 기적인가!

미사 중에 아기는 계속 잠든 채로 방긋방긋 웃었다. 그 모습이 너무 보기 좋아 우리도 웃었다. 성변화시간이 지나 성체가 유아실로 오시고 나는 성체를 손에 모셔와 먼저 아기의 입술에 대주었다. 항상 엄마와 함께 성체를 모셨지만 이제 모실 수 없으니 아쉽지만 뽀뽀라도 시켜주고 싶은 마음이었다. 그런데 입술에 성체가 닿는 순간 아기의 얼굴이 기쁨으로 가득 찼다. 천상의 기쁨이 우리가 머물던 공간을 채웠다.

성체를 모시고 나니 눈물이 왈칵 쏟아졌다. 막을 수 없는 엄청난 눈물이었다. 나는 엉엉 소리 내어 울다 잠시 남편을 바라보았다. 굳게 다문 그의 두 눈에서도 눈물이 줄줄 흐르고 있었다. 아기가 방긋거리며 웃는 가운데 부모가 둘 다 어린 아기처럼 펑펑 울고 있었다. 그렇게 그동안 겪었던 모든 마음의 고통이 눈물과 함께 녹아내렸다.

워낙 아팠기에 회복하는 데 다른 사람보다 오래 걸리긴 했지만 죽을힘을 다해 모유를 먹이며 아이를 길렀다. 그해 봄엔 아기와 친정 어머니와 그토록 꿈꾸던 푸껫의 에메랄드빛 바다를 바라보았다. 불과 몇 개월 전만 해도 바닥을 기어 다니던 내가 기적처럼 비행기를 탈 정도의 건강을 회복한 것이다. 나는 상상도 못 할 아픔과 바닥이 없는 공포, 그리고 목숨을 거는 치열한 영적 전쟁을 온전히 뚫고 지나간 것에 대한 감사의 기도를 드렸다.

그해 가을 나의 첫 책을 출간하자 다양한 기관과 단체, 기업에서 강연 의뢰가 쏟아졌다. 새로 개설한 리치써클 아카데미는 한 달 만에 5천 명이 모였고, 게시물은 올리자마자 조회수 2천을 넘겼다. 8년이 지난 지금은 자체 콘텐츠만으로 7천만 뷰를 달성했으며 26만 명의 팬이 생겼다. 고통 속에서 나의 미래가 현재 상황에 좌우되지 않을 것이라는 확신 아래 외쳤던 희망이 현실이 된 것이다. 또한 그 희망이 나의 글과 강연, 그림과 사진을 통해 많은 이들의 삶에 작게나마 영향을 주는 것을 보고 감사드렸다.

씨앗은 모르는 사람이 보면 묻혀있는 듯 보이지만 사실 심어진 것이다. 그렇기에 아무리 작은 씨앗일지라도, 아무리 많은 흙에 덮여 있어도 때가 되면 반드시 땅을 뚫고 나와 열매 맺기 마련이다. 그러니 당신의 오늘이 당장은 힘들고 혹은 땅에 묻혀 있다는 생각이 들어도 그래도 계속해서 잎을 흙 밖으로 밀어내야 한다.

사람들은 건강을 잃으면 다 잃는다고 말한다. 그러나 나는 "희망을 잃으면 다 잃는다"라고 말하고 싶다. 그렇기에 지금 고통을 겪는 당신에겐 할 일이 있다. 희망을 찾는 것이다. 당신은 오늘의 현실을 뛰어넘는 삶을 살 자격이 있다. 어떤 고난과 만난다 해도 당신이 원한다면 신이 이 세상에 당신을 보낸 목적을 이룰 수 있다.

당신은 힘차게 희망을 찾는 사람이다. 당신은 반드시 열매 맺는 희망의 씨앗이다. 당신의 희망은 묻힌 것이 아니라 심어진 것이다. 죽은 것이 아니라, 새롭게 태어나고 있다. 그리고 오늘이 바로 당신의 씨앗이 싹이 트는 날이다.

결혼식이 아닌 결혼을 준비하라

하루는 길을 가다 노란색의 특이한 차를 봤다. 버튼을 누르니 차 문이 만화처럼 위로 열렸다. 같이 가던 친구 J가 푸른 눈을 반짝이며 소리를 질렀다.

"우와, 람보르기니다."

그는 람보르기니에 다가가 흥분하며 떠들었다. 그러더니 갑자기 우거지상이 되며 이렇게 말했다.

"어차피 평생 못 탈 남의 차 앞에서 내가 뭐 하는 거야."

난 순간 귀를 의심했다. 그는 앞길이 창창한 20대였다. 평생 람보르기니를 한 번 보지 못한 사람도 많은데, 이 사람은 람보르기니를 보자마자 1분 만에 우거지상이 되어 자신의 신세를 한탄했다. 거기다 자신이 '평생 이런 차는 탈 수 없을 것'이라고 믿어버렸다.

그는 모를 것이다. 그가 자신도 모르는 사이 스스로 자신의 앞길에 한계를 정했다는 것을. 무심코 뱉은 말로 인해 그는 자신의 가능성을 제한했고, 그것이 그의 인생을 얼마나 약하게 만드는지 전혀 이해하지 못하고 있었다. 나는 그 모습을 바라보며 결심했다.

'나는 내 삶에도, 남의 삶에도 한계를 정하지 않는 사람과 만나야겠다.'

수년이 지난 뒤 나의 결심은 현실이 되었다. 한계를 정하지 않는 사람을 만난 것이다. 남편은 내가 아무리 황당한 제안을 해도 "멋진 꿈이다. 가능해. 충분히 할 수 있어"라고 말한다. 나는 결혼 후 수년간 "넌 할 수 없어. 불가능해. 절대로 못 해"라는 말을 듣지 못했다.

당신이 평생 함께할 사람이 입만 열면 "할 수 없다"란 말로 당신의 하루를 덮어버리면 어떻겠는가? 당신이 충분히 할 수 있는 일도 할 수 없는 일이 되고 만다. 그런 사람과 살면서 자신의 재능을 마음껏 펼칠 수 있겠는가? 절대 불가능하다.

그러니 제발 '아무나'와 결혼하지 마라. 결혼을 직업과 비교하자면, 결혼의 계약기간은 최소 80년이며 24시간 연중무휴에 무급이다. 당신은 당신이 선택한 그 사람과 그와 똑같이 닮은 2세들을 위해 남은 시간을 보내야 한다.

나는 살면서 수많은 부부를 만났다. 그런데 세상에는 행복하게 사는 부부보다는 불행하게 사는 부부가 많게 느껴졌다. 나는 삶의 군상들을 나를 비추는 거울로 삼았다. 서로를 헐뜯는 부부를 만나면 내게도 저런 모습이 있는지 돌이켜봤고, 아름다운 부부를 만나면 그들을 배우려 애썼다. 내가 생각하는 이상적인 관계가 현실에 없을 땐 책이나 성서 속 부부를 통해 이상적인 모습을 구체적으로 그렸다. 이상적인 결혼생활을 하는 부부를 찾는 데 온 정신을 집중하니 실제 그런 삶을 살아가는 부부를 많이 만나게 되었다.

솔직히 나는 매번 연애에 실패했던 사람이었다. 그러나 이런 고통스러운 헤어짐을 통해 나도 몰랐던 나에 대해 알게 되었다. 내가 생각하던 나와 사랑에 실패해 눈물짓던 내 모습은 전혀 다른 사람이었다. 연애는 지독하게 아픈 약이었지만 그렇기에 나는 내가 진짜 원하는 삶이 무엇인지 생각하게 되었다. 나는 이런 무수한 실패를 바탕으로 어릴 적부터 작성해오던 이상형 리스트를 다듬어갔다.

내가 처음 적은 이상형 리스트엔 단순하게 '날 사랑해주는 남자'라고 적었지만, 사랑한다고 말만 번지르르하게 하는 사람도 있다는 걸 알게 되며 추가항목이 늘어갔다. 항목들은 점점 늘어 100가지가 넘었지만 "한 사람에게 모든 덕을 구하지 말라"는 공자님 말씀처럼 시간이 흐르며 자연스럽게 하나씩 지워서 가장 중요한 10가지가 남았다.

나는 이상형 리스트를 작성하며 나 또한 이런 모습이길 희망했다. 그리고 결혼식 하루만 아름답고 행복한 삶이 아니라, 여생을 평생 행복하게 살기 위한 많은 준비를 했다. 갈등을 느끼는 많은 부부를 보며 심리학을 공부하고, 명확한 의사소통을 위해 화법을 바꾸고, 건강한 아이를 위해 술과 담배는 하지 않았으며, 정크푸드나 좋지 않은 음식들을 최대한 절제했고, 명상과 기도에 깊이 빠져들고, 사랑하는 데 방해가 되는 내 안의 상처들을 어루만지며 새 사람이 되어갔다.

나는 사람 몸의 세포가 4년을 주기로 바뀐다는 이야기에 "만약 결혼 후 바로 임신한다면?"이라는 가정하에 먹는 것, 보는 것, 듣는 것을 모두 다 조심하려고 애썼다. 내 몸의 모든 세포가 최상인 상태에서 엄마가 되고 싶었기 때문이다.

그렇게 12년간의 시간을 투자해 만든 나의 이상형 리스트는 철저히 '결혼식'이 아닌 '결혼생활'에 목적을 두고 완성한 것이다. 이 리스트는 내 배우자를 찾기 위한 것이라 당신에게 적합하지 않을 수 있겠지만, 참고가 되길 바라는 마음에 공개한다.

1. 엘리트 교육이 아닌 평범한 교육을 받아 항상 배움에 목말라하며, 언제나 의욕적으로 자기계발을 하는 사람.
2. 예술은 잘 몰라도 예술가에 대한 경외심을 가지고 있으며 나의 예술과 사회복지 활동을 기꺼이 함께할 사람
3. 시골에서 태어나 자연을 벗 삼아 유년 시기를 보냈으며, 쌀알 한 톨에 들은 노고에도 감사할 줄 아는 사람
4. 보름 정도의 장기 휴가를 1년에 한 번 이상 즐길 수 있는 풍요로운 삶의 소유자
5. 이국적인 음식을 즐기며 이 세상 어딜 가도 적응해 살 수 있는 사람
6. 사회의 어떤 계층을 만나도 태도에 변함이 없는 사람
7. 평생 함께 기도하고 매주 미사에 가며 자녀에게 신앙의 본이 될 사람
8. 자기의 할 일은 스스로 처리하며, 특히 정리정돈을 빠르고 쉽게 하는 사람
9. 성공적인 결과를 꿈꾸며 노력하지만 오늘의 행복도 포기하지 않는 사람
10. 배가 나오지 않는 건강한 식습관을 가지고 있으며 술, 담배와 거리가 먼 사람

나는 이상형 리스트를 작성하며 먼저 내가 이런 모습이길 원했다. 그래서 항상 의욕적으로 자기계발에 힘썼고, 예술과 사회복지 활동에 적극적이며, 자연을 존중하고 여행을 즐겼다. 직업을 선택할 때 가능하면 보름 이상의 휴가를 다녀도 이상하지 않을 곳만 찾아다녔고, 이국적인 음식을 즐겼으며, 이 세상 누구를 만나도 동등하게 대하려고 노력했다. 내 할 일은 빠르게 처리하고, 배가 나오지 않도록 건강에 유의했다. 성공을 꿈꾸며 오늘의 행복을 버리지 않으려 애를 썼다.

만날 사람은 어떻게든 만나게 될 것이란 생각으로 매일 내 삶을 가꾸는 데 주력했다. 그렇게 마음을 비우니 편안해졌다. 그런데 북미에서 활동하다 잠시 한국에 들러 운명처럼 이 사항들을 모두 만족하는 사람을 만났다. 그는 나와 만나기 전에 술과 담배를 끊었으며, 한 달 동안 휴가로 카자흐스탄 선교를 다녀왔고, 3년에 걸쳐 매주 금요일 밤샘기도회에서 배우자를 청하며 좋은 아버지와 남편이 되기 위한 많은 준비를 해놓은 상태였다. 우리는 짧은 시간 동안 서로를 바로 알아보고 데이트를 시작한 지 6개월 만에 부부가 되었다.

결혼하지 않았을 때도 행복했던 사람 둘이 만나 결혼까지 하니 더 행복해졌다. 우리는 결혼 후 매일 모든 면에서 성장하고 있다. 결혼식 날만 최고로 기억되는 삶이 아니라 매일 최고인 삶을 누리며 살길 원했고, 그렇게 살고 있다.

12년간 연애에 처참하게 실패했던 나도 부단한 노력 끝에 행복해졌고, 좋은 짝을 만났다. 그러니 당신도 삶의 고난 속에서도 좌절하지 말고 희망으로 끊임없이 나아가라. 그러다 보면 자신의 짝을 한눈에 알아볼 수 있는 놀라운 안목이 생긴다. 당신의 삶을 80년 이상 응원해주는 평생 꿈 친구를 만난다는 것은 얼마나 엄청난 일인가! 그러므로 결혼식이 아닌 결혼을 준비하라. 아직 연인이 없는 사람이라도 이상형 리스트를 작성하며 자신의 결혼을 준비한다면 반드시 멋진 사랑 끝에 행복한 결혼생활을 누릴 것이다.

4장

인생은 눈부시게 아름답다

삶이라는 그대의 축제를 즐겨라

우리는 제자리에 가만히 있어도 위기를 만난다. 또 앞을 향해 거침없이 나아갈 때도 위기와 맞닥뜨린다. 그렇다면 이 둘 중 어떤 것이 인생에 도움이 될 것인가?

나는 후자의 삶을 선택해 살고 있다. 무소의 뿔처럼 거침없이 원하는 것을 향해 나아가는 삶이다. 나는 내게 주어진 운명을 피할 수 없었다. 그래서 오히려 한 살이라도 더 젊을 때 더 무너지고 실패해 삶을 단단하게 만들 수 있음에 감사했다. 위기는 나를 더 돌아보고 하고 지금 이 순간에 더욱 분투하게 하는 원동력이 되었다. 나는 그것을 토대로 더욱 성장하고 더 높은 도전을 꿈꾸었다. 또한 도전하는 과정만으로 나의 인생은 바다처럼 넓고 깊어졌다.

'도전'을 떠올리니 나의 철없던 학창 시절이 생각난다. 당시 나의 아이돌 사랑은 서태지에서 시작되어 박진영에 이르고 있었다. 내가 그들을 좋아했던 이유는 단순했다. 서태지는 마요네즈에 두부를 말아먹는 괴짜인 것이 멋져 보였고, 박진영은 당시 독특한 마스크에 배가 살짝 나온 인간적인 몸매에도 누드를 찍고 비닐 옷을 입고 무대가 부서지도록 춤을 추는 모습이 좋았다.

나는 할 수 있는 모든 방법을 동원해 대기실과 무대 뒤까지 따라다녔다. 그러나 여느 팬처럼 말을 걸거나 소리를 지르진 않았다. 나는 내가 사랑하는 이들이 최선을 다해 자신의 끼를 발산하는 모습을 최대한 가까이에서 보고 싶었을 뿐이다.

그렇게 집에 돌아오면 미친 듯이 공부했다. 당시 연대에 재학 중이던 박진영이 라디오에서 "공부를 해야 꿈을 향한 외줄타기 길에서 떨어졌을 때 나를 지켜줄 그물망을 확보할 수 있다"고 말했던 것에 크게 공감했기 때문이다.

그러던 어느 날 라디오에서 갑자기 쏟아지는 폭포수 같은 멋진 여성 래퍼의 목소리를 듣고 돌아버리는 줄 알았다. 라디오 볼륨을 크게 높이고 그룹 이름이 나오기만을 기다렸다. '업타운'이라는 신인 그룹이었다. 머릿속엔 한 가지 생각뿐이었다.

'이 목소리의 주인공을 무조건 만나야 한다.'

나는 다음날 학교가 끝나고 주소를 적은 종이 하나에 의지해 사람들에게 물어가며 업타운의 소속사에 도착했다. 여의도 별관 근처 삼환까뮤빌딩의 사무실 직원들은 '라디오에서 음악을 듣고 미칠 것 같아 다짜고짜 찾아온 나'를 반겨주었다. 그들의 음반은 최근 녹음을 마치고 겨우 라디오 홍보를 시작했기에 내가 최초의 팬이 된 셈이다.

나는 다른 팬들이 콘서트장에서 줄지어 기다릴 때 사무실 직원들과 대기실로 들어갔고, 어떤 때는 연예인들이 타는 큰 밴의 앞좌석에 탄 채 방송국으로 이동했다. 업타운의 리더이자 프로듀서인 연준 오빠는 날 무척 귀여워했는데, 어느 날엔 내 앞에서 기타를 들고 작곡과 노래 연습을 했다. 나는 '라이브 음악이 이렇게 멋진 거구나' 하고 느끼며 아름다운 선율에 빠져들었다. 나를 그곳으로 이끈 마력의 래퍼 윤미래는 볼살이 통통했던 10대 소녀였다. 우리는 삼환까뮤빌딩 지하의 식당에서 사무실 직원들과 함께 그녀가 좋아하는 부대찌개를 먹곤 했다.

나는 소속사와 방송국을 오가며 연예인들을 매일 일상처럼 보았고, 수년이 지나 업타운 걸 연습생이던 대학생 이효리와 인사를 나누기도 했다. 나는 한때 가수를 지망하기도 했다. 하지만 그들과 함께하며 가까이에서 지켜본 연예인의 삶은 고달프기 짝이 없었다. 연예인의 삶이란 다이어트 때문에 쫄쫄 굶어야 하는 날들의 연속이고, 몇 분의 리허설을 마치고 몇 시간 동안 작은 대기실에 갇혀있는 건 생활이었다. 무대에서 내려온 뒤에도 여기저기 불려가 인사해야 했고, 원하지 않는 불편한 옷을 입고 화장도 지우지 못하고 사무실로 돌아와 죄인처럼 서서 음반사 사장과 임원들 앞에서 그날의 무대에 대한 냉정한 평가를 받았다.

나는 막연한 동경으로 가수가 되어야겠다는 꿈을 접었다. 그리고 내가 제일 즐기며 잘할 수 있는 일, 백 년 넘게 해도 행복할 일인 미술에 주력하기로 결심했다. 그리고 선택의 갈림길에서 '일단 저지르고 보자'는 생각으로 직장에 다니며 많은 그림을 그리고 칼럼을 쓰고 전시까지 했다. 나는 재미있는 아이디어를 모아 '미래뉴스'라는 제목으로 칼럼을 쓰기도 했다. 5만 명의 청중이 있는 무대에서 대형 콘서트처럼 음악, 춤, 예술, 강연을 접목시킨 획기적인 콘서트를 꿈꾼 것이다. 나는 이를 '희망 아트 콘서트'라 이름 짓고 큰 무대들을 찾아 나섰다. 그래서 자연스레 최첨단 무대 시설과 기술, 최고 수준의 음향, 초대형 LED 스크린이 있는 콘서트장을 조사했는데, 관객으로 들어갈 순 있어도 백스테이지를 둘러볼 방법이 전혀 없었다.

나는 인터넷상으로 당시 비의 매니저인 조경호 씨의 개인 홈페이지를 알아냈다. 비와 함께 큰 무대를 많이 다녀봤던 그라면 내게 많은 팁을 줄 수 있을 것 같았다. 그는 내 글을 보고 놀라운 꿈이라며 응원의 답장을 해주었다. 우리는 그렇게 서로의 꿈을 응원해주는 꿈 친구가 되었다. 그러던 어느 날 내게 전화를 걸어 한 달 뒤 크리스마스에 라스베이거스 시저스 팰리스에 비가 공연을 하니 오면 도움이 될 것이라는 팁을 주었다. 그는 오기만 하면 나머지는 무조건 도와주겠다고 하는데 나는 순간 머릿속이 멍해졌다.

'왜 하필 라스베이거스? 거긴 도박과 성매매가 이루어지는 곳 아닌가?'

나는 젊음을 예술뿐 아니라 봉사에도 주력을 다하며 살았다. 그래서 당시 친구들은 예술가거나 혹은 수녀원이나 신학교로 들어간 성직자들이었다. 나 또한 성직자 친구들의 영향으로 한동안 수녀원 입소를 꿈꾸었기에 라스베이거스는 평생 방문할 예정이 없었던 '금지 도시'였다. 그런데 조경호 씨의 말에 따르면 비가 공연할 시저스 팰리스 호텔의 콜로세움은 셰어, 셀린 디온, 엘튼 존 등 최정상 스타들이 수차례 공연한 최첨단 조명, 특수효과, 의상 등이 총동원되는 명품 콘서트의 현장이라, 내가 꿈꾸던 '희망 아트 콘서트'와 가장 가까운 무대였다.

나는 회사에 휴가를 내고 당장 라스베이거스에 도착했다. 그리고 그를 만나 비의 콘서트 무대감독인 노성일 감독님과 강재

혁 감독님을 소개받았고, 그들의 지원 아래 매일 시저스 팰리스의 3중 보안을 지나 백스테이지에 도착해 비가 리허설을 하는 모습을 보았다. 공연 당일은 스태프들과 대기실에서 공연을 즐겼고, 다음날은 선물 받은 최고급 VIP 좌석에서 관객 입장으로 공연을 보았다.

나는 비의 콘서트 연출을 담당한 감독님들의 배려로 연 매출 1조 규모의 세계에서 가장 유명한 '태양의 서커스단 공연'과 애리조나 북부의 세계 최고의 국립공원 그랜드 캐니언을 경비행기로 둘러보기도 했다. 두 분은 아트 콘서트를 향한 내 꿈을 지지하며 전 세계에서 활동하며 겪은 수많은 노하우와 많은 공연 팁을 전수해주었다. 나는 그렇게 꿈의 무대에서 활동하는 정상급 무대감독들을 만나 무한한 감동을 받았다.

그 영향으로 토론토로 돌아와 직장을 벗어나 온전한 자유인이 되었다. 그리고 처음으로 회사 눈치를 보지 않고 온전히 전시에만 집중하는 즐거움을 맛보았다. 직장에선 예술가임을 쉬쉬했고, 전시장에선 직장인임을 쉬쉬했던 이중 스파이의 삶이 아니라 대놓고 "나는 예술가"라고 외칠 수 있는 삶을 살게 된 것이다.

나는 새장을 뛰쳐나온 새처럼 완벽한 1인 창조기업가로 활동했다. 토론토 아트페어에서 만난 유명 갤러리 관계자의 초청에 휴가를 낼 걱정 없이 바로 "Yes"라고 답했다. 그리고 즉시 꿈의 무대인 뉴욕으로 건너가 큐레이터, 칼럼니스트, 작가로서 활동을 했다.

외국으로 나가는 것 자체가 무조건 인생을 바꿀 도전이 되는 것은 아니다. 외국으로 나간다고 해서 인생에 특별함이 더해지는 것도 아니다. 그러나 과감히 모든 것을 버리고 새로움을 향해 떠난다는 것 자체는 멋진 도전이 되어 내 삶을 더욱 풍성하게 만들어주었다.

위대한 일의 시작은 사실 유치하고 단순한 믿음에서 출발한다. 그러나 그 유치하고 단순한 실천이 쌓여갔을 때 그렇지 않은 사람과의 격차는 엄청나게 벌어진다. 나는 남이나 자신에게 해가 되는 나쁜 일만 아니라면, 원하는 것은 모두 다 해보라고 주장한다. 다 해보는 것뿐 아니라 한번 시작한 일은 끝을 봐야 한다. 인간의 능력은 모두 비슷하지만 끝까지 밀어붙이는 힘만 다를 뿐이다.

처음부터 능숙한 사람은 아무도 없다. 실패하는 원인은 재능의 부족이 아닌 결심의 부족이다. 토크쇼의 여왕 오프라 윈프리는 당신에게 이렇게 말한다.

"나는 실패의 존재를 믿지 않는다. 만일 당신이 그 과정을 즐졌다면 그것은 실패가 아니다. 계속해서 전진하라. 당신 자신에 대한 확신으로 더 힘을 내서 하려고 한다면, 당신이 선택하는 일은 무엇이든지 할 수 있다."

간절히 원하는 순간 용기가 생기고 직감이 움직인다. 그렇게 당신은 상상한 것보다 놀라운 인생이 살게 된다. 큰 꿈을 가져라. 당신은 꿈의 높이만큼 이루고 열정의 크기만큼 얻게 된다. 성공한 사람은 더 자주 실패를 경험하고 더 많은 씨앗을 뿌린 사람이다. 인생은 오늘 하루에 결정되지 않는다. 그러므로 실패의 존재를 믿지 말고 전진하라. 그리고 오늘부터 신나게 즐겨라, 삶이라는 그대의 축제를!

꿈꾸는 인생에게 실패란 없다

고등학교 졸업 후부터 나는 패스트푸드점 알바, 노점 판매원, 종합 화장품 매장 지점장, 중동 무역, 한식집 서빙, 주방 보조, 샌드위치 전문점 알바, 마트 캐셔, 채소가게 뒷일, 꽃가게 허드렛일, 전단지 알바, 리서치 조사원, 매장 판매원, 홈쇼핑 알바, 방청객 알바, 설문지 조사, 홈쇼핑 뷰티 모델, 화장품 제품 모델, 비키니 쇼핑몰 모델, 초급 영어 과외, 미술 과외, 기업 임원 전문 영어 과외, 블루베리 수확, 공장 정리, 창고 정리, 백화점 판매, 통역, 번역, 호프집 알바, 인터넷 쇼핑몰, 무역, 청소년 상담, 아카데미 카운슬러, 갤러리 큐레이터, 보험 영업사원까지 30가지가 넘는 일을 했다.

한 곳에서 오래 일하고 싶었지만 여러 가지 사정으로 계속 이사를 다녀야 했고, 관광 비자가 만료되면 출국을 하고 한국에서 돈을 벌다 다시 재입국을 하며 지냈다. 돈을 아끼려 빵 하나로 하루를 버티고, 몇 시간씩 걸어 다녔다.

얄팍해진 주머니 사정 때문에 매일 불안감이 엄습했지만 나는 아무 일 없다는 듯 낮에 공부했고 저녁엔 아르바이트를 했다. 정말 돈이 급할 땐 화장실 벽에 적힌 불법 장기매매를 심각하게 고려하기도 했는데, 수없이 수화기를 들었다가 차마 전화를 걸 수 없어 포기했다. 그날 밤 내리던 한여름 소낙비 소리가 어찌나 서글프던지 빗소리 때문에 한참 울었다.

워킹 비자 없이 일할 땐 일당도 받지 못한 채 쫓겨난 적이 있었다. 그래서 비자가 없어도 돈 벌 수 있다는 광고 글에 희망을 품고 간 면접 자리에 나갔더니 퇴폐업소 업주가 기다리고 있었다. 그들이 내게 돈을 버는 이유를 물어서 아버지의 치료비 때문이라 답했다. 그러자 그가 딱하다는 표정으로 내게 말을 걸었다.

"아버지가 아프시니 얼마나 마음이 아파. 우리 집에 너같이 부모님 아파서 들어온 애들 엄청 많아. 지금 당장 돈이 필요하지? 그렇지만 아무리 24시간 일해도 그 돈 못 벌어. 그러니 함께 일하자. 평생 하라는 게 아니야. 딱 6개월만 해. 다른 곳에서 손발 부르터 가며 버는 한 달 월급, 여기선 하루면 다 벌어. 그렇게 6개월간 일해서 치료비 대고 빚 다 갚고 떠나는 거야. 성관계 같은 거 절대 없어. 내가 보장해."

'한 달간 벌 돈을 하루에 벌 수 있다니……. 그래 난 지금 절박해. 아버지가 제대로 치료도 못 받고 병원비가 없어 강제퇴원 당했어. 지금 내겐 무엇보다 당장 돈이 필요해.'

다른 한편으론 이런 생각이 들었다.

'새해야, 그렇지만 다 포기해도 네 영혼을 포기하지 마. 이제껏 누구보다 정직하게 살아왔잖아. 그러니 부끄럽지 않을 삶을 선택해.'

나는 정신없이 그 자리를 박차고 나와 버스에 몸을 실었다. 그리고 내려야 할 정거장도 잊은 채 복받치는 서러움을 참으며 하염없이 울었다. 잠시였지만 나를 팔아서라도 돈을 마련해야겠다는 생각을 한 것이 너무도 속상했다. 이렇게 나의 삶은 저마다의 사연들이 죽겠다며 소리지르는 '아비규환의 장'이었다. 그러나 동시에 그래도 살아야 한다며 끝없이 스스로를 격려하는 '희망의 장'이기도 했다.

내겐 항상 고단하고 힘든 삶이 주어졌지만, 짙은 어둠 속에 별이 더욱 반짝이는 것처럼 가슴 한구석엔 항상 희망과 용기의 빛이 찬란했다. 돈도, 시간도, 마음을 털어놓을 만한 친구도 없던 나는 틈날 때마다 조용한 성당에 몰래 누워 쉬곤 했는데, 그

때마다 영혼 깊은 곳에서부터 알 수 없는 힘이 나를 감쌌다. 그러면 '감사합니다'라고 짧게 기도하고 다시 세상으로 나와 참고 견뎠다. 그렇게 하늘과 소통하며 외로움을 고독으로 승화시키는 방법을 배웠다. 나는 오랜 시간 한 가지를 간절히 원했다.

'경제적인 속박에서 벗어나 진정으로 원하는 일을 하며 살고 싶다.'

그리고 꿈꾸는 다양한 일들을 종이에 적어 벽이나 거울 앞 책상 같은 눈에 잘 띄는 곳에 붙여두었다. 내가 적은 꿈 목록은 이랬다.

- **직장 그만두고 세계를 자유롭게 다니기**
- **TV, 라디오에 출연해 '희망'에 대해 이야기하기**
- **미술 전시회 하기**
- **대한민국 대표 희망 멘토, 최고의 동기부여가, 드림 헬퍼**(Dream helper)**로 살기**
- **1년에 한 권 책 출간하기**
- **다이어트 성공해서 비키니 원 없이 입어보기**
- **신문에 나오기**
- **대형 서점에서 사인회하기**
- **부모님 모시고 해외 여행하기**
- **성지순례 하기**

· **사진 배우기**

· **힘닿을 때마다 어려운 이웃돕기**

· **서로의 꿈을 무조건적으로 지지해주는 꿈 지원군 만나기**

· **사랑하는 사람 만나 결혼해서 아이 낳고 행복하게 살기**

시간이 날 때마다 꿈들을 보며 미소 지었다. 모든 항목이 현실 속 내 모습과 거리가 멀었다. 언제든 결국 현실이 될 꿈이라고 생각했다. 이런 간절한 마음으로 기도를 하고 생활했다. 그렇게 사력을 다해 치열하게 사는 여정 속에 새로운 기회를 물밀듯 찾아왔다. 한국일보에서 주목하는 신진작가로 선정되었고, 아트 칼럼을 정기적으로 연재했으며 여러 대학과 학교, 기업체, 기관에서 강연 요청이 들어왔다.

쉬지 않고 그림을 그린 결과 나는 직장을 다니면서 총 23번의 전시를 마칠 수 있었다. 2009년엔 완성된 작품 수만 100점이 넘었다. 2022년엔 20년간 그려운 작품 189점을 전시하기도 했다. 나를 아는 미술 관계자분들과 동료 화가, 주간지 편집장, 제작자, 기획자, 교수님과 미술인협회 이사진들은 나의 끊임없는 도전과 마르지 않는 창작열에 칭찬을 아끼지 않았다. 그토록 많은 그림을 그렸다고 해서 당시 내가 이만큼의 그림을 그려야겠다고 목표량을 정하고 작업한 건 아니었다. 원하는 작품이 나올 때까지 분초를 아껴 매일 몰입한 결과였다.

나는 현재 직장을 그만두고 세계를 자유롭게 다닌다. 나의 활약상은 평화방송과 원음방송 라디오와 한국일보, 평화신문, 가톨릭신문, 리빙 플러스 주간지에 보도되었다. 교황님과 배를 타고 독일 라인강을 도는 모습은 독일 TV를 통해 전 세계로 생중계되었고, 토론토 아트 엑스포에서 성공적으로 전시하는 모습은 캐나다의 로저스 TV에 방송되었고, 찰나의 순간을 가슴으로 포착하여 울림을 만들어 내는 강연가·미술 작가로 활동하고 있으며, 베스트셀러 작가로서 한국 최대 규모의 서점인 교보문고 광화문점에서 저자 사인회와 강연회를 마쳤다. 내가 낸 책 3권은 놀랍게도 모두 출간 즉시 베스트셀러가 되었다. 2016년엔 여성가족부가 선정한 대한민국 청년여성 대표 멘토로 위촉되었다. 결혼생활 12년 동안 건강한 네 아이를 낳고 대한민국 대표 청년멘토, 동기부여가, 상처받은 사람들의 치유자 역할을 해나가고 있다. 대한민국 대표 희망 멘토, 동기부여가, 드림 헬퍼로서의 역할을 해나가고 있다.

거식증과 폭식증을 오가며 항상 컴플렉스 덩어리였던 나의 몸은 오랜 시간 동안 부단히 쌓은 좋은 습관으로 나날이 건강해지고 있다. 나는 셋째 아이를 낳고 난 뒤 얼마 되지 않아 바디프로필에 도전했다. 켈리최 회장님과 지인 몇 분과 단톡방으로 응

원하며 준비했다. 그리고 100일이 지나 켈리최 회장님과 함께 스튜디오에서 바디프로필 사진을 찍기도 했다. 그때 찍었던 프로필 사진이 사무실에 있는데 사람들마다 멋지다고 해서 참 뿌듯하다. 그리고 나는 20대 후반부터 부모님과 함께 캐나다 퀘벡·뉴질랜드·태국·필리핀·말레이시아에 다녀왔으며, 베네딕토 교황님이 집전하시는 미사의 한국 대표로 전례봉사를 했고, 이스라엘·요르단·바티칸·캐나다를 성지 순례했고, 사랑의 바자회를 주관해 수천만 원의 매출을 달성했고 순이익금 전부를 도움이 필요한 전 세계로 보냈다.

또한 유튜브를 시작한 이후로 7년간 꾸준히 학대 아동, 산불피해 물품구호, 아프리카 희망학교 등에 4천만 원가량을 기부했다. 돈을 벌게 되면서 양가 아버님의 차를 원하시는 모델 신형 풀 옵션으로 뽑아드리기도 했다. 행복해하시는 두 분의 모습을 보며 나도 좋았다. 리치써클아카데미, 북버디, 클래스카, 상처 입은 치유자, 위튜브, 캐나다 한인 미술가 협회, 수원교구 젊은이 기도모임, 한국 청년성령쇄신연합, 가톨릭청년 성서모임 등에서 꿈을 무조건적으로 지지해주는 꿈 지원군들을 만나 힘을 얻고, 사랑하는 사람을 만나 결혼해 귀여운 아이 넷을 기르며 행복하게 살고 있다.

에디슨은 전구를 만들 때 2,000번이나 실패했다고 한다. 그래서 기자가 2,000번의 실패를 어떻게 극복했냐고 질문했는데 그의 대답이 걸작이다.

"실패라니요? 저는 단지 2,000번의 과정을 거쳐 전구를 발명했을 뿐입니다."

그는 매번 다른 시도로 2000번의 전구가 켜지지 않는 방법을 배우고 2001번째에 전구가 켜지는 방법을 터득했다. 그러나 대부분의 사람이 에디슨 같은 삶을 택하지 않은 것은 '꿈'을 그저 이룰 수 없는 '꿈'으로만 여기기 때문이다.

나는 꿈을 이루며 놀라운 사실을 알게 되었다. 그것은 바로 '특별한 사람이 꿈꾸는 것'이 아니라 '꿈꾸는 사람이 특별해진다는 것'이다. 장난이라도 어떤 말을 하게 되면 그 말과 연관된 생각들을 하고, 그에 맞는 행동을 하게 되어 결국 말처럼 살게 된다. 당신이 원한다면 무엇이든 능히 해낼 수 있다. 처음에는 능력이 없을지라도 시간이 지나면 정말로 할 수 있게 된다. 그러므로 원하는 것을 말하고 또 말하라. 당신의 생각, 말, 행동은 틀림없이 현실이 된다.

당신의 현실보다 당신은 훨씬 큰 사람이다. 비전을 품고 빛나는 존재로 세상으로 나아가라. 모든 시도는 '진행 중'이지 '실패'가 아니다. 꿈꾸는 사람에게 실패란 없다.

수단을 목적으로 착각하면 인생이 꼬인다

요즘 사람들은 자신이 사고 싶은 것에 대해서는 잘 알고 있다. 그래서 신상품이나 할인 등의 정보를 얻는 데 많은 노력을 기울인다. 그러나 안타깝게도 무엇보다 중요한 '자신이 어떤 사람이 되고 싶은지'를 묻는 것엔 시간을 덜 사용한다.

단순히 무언가를 소유하는 것만으로 인생은 채워지지 않는다. 무언가 얻기 위해 사는 사람은 평생 자신을 만족시킬 수 없다. 이것을 얻으면 즐기지도 못하고 또 다른 무언가를 얻기 위한 여정을 떠나곤 한다.

인생의 길에는 각자의 나침반이 필요하다. 나침반은 길을 잃었을 때 바라볼 자신이 최종적으로 추구하는 가치다. 나침반이 길을 이끄는 것처럼, 당신이 택한 가치가 당신의 삶을 인도한다. 만약 당신이 추구하는 가치를 제대로 모르고 삶을 살아간다면 많은 시간을 방황하며 보내게 된다. 그러나 자신이 소중히 여기는 가치에 따라 살면 놀라운 내적 평화와 일치감을 누릴 수 있다.

나눔과 행복이라는 가치를 우선으로 추구하는 특별한 대통령이 있다. 청바지에 운동화 차림의 평범한 백발 할아버지인 호세 무히카 전 우루과이 대통령은 화려한 집도 좋은 차도 없다. 그는 우루과이의 한적한 시골마을의 농장에 살고 있다.

그는 이제 나이 아흔을 바라보고 있다. 오래된 자동차를 직접 운전하고, 밭을 갈아 먹을거리를 마련하기도 하는 소탈한 이미지의 전직 대통령이다.

"발전이란 애정이나 인간관계, 아이를 키우는 것, 최소한의 필요한 것을 가지는 것, 이런 것을 가져다주어야 하는 것입니다. 행복이 우리에게 제일 소중하니까요."

무히카 전 대통령은 쿠바혁명에서 영감을 받아 시작된 1960~70년대 우루과이 좌파 무장 게릴라 운동 '투파마로스'에 참여했던 인물로, 6번이나 총격을 당했다. 14년간의 옥중생활에서 지나친 물질주의가 삶을 해친다는 자신의 인생관을 확립하게 되었다고 한다. 근검절약하는 삶을 모두에게 강요할 수는 없다고 하면서도, 지나친 소비 풍조에 맞서자고 세계 정상들에게 강하게 호소하기도 했다.

그는 혼자만의 검소한 생활로는 가난한 사람들을 다 돕지 못한다며 사회 전체가 함께 노력하는 것이 자신의 바람이라고 말했다.

"사람들이 나를 '세상에서 가장 가난한 대통령'이라고 부르지만 나는 전혀 가난하다고 생각하지 않아요. 가난한 사람들은 사치스런 삶을 살면서도 더 많은 것을 욕망하느라 노동하는 사람들이라고 생각합니다. 가진 재산이 많지 않다면 가진 것을 유지하려고 노예처럼 일하지 않아도 되고, 자신을 위한 시간은 더 많아지지요. 남들이 보기에 내가 정신 나간 늙은이처럼 보일지도 모르지만, 이건 선택의 자유일 뿐입니다."

바티칸의 프란치스코 교황 또한 77번째 생일 때는 네 명의 노숙자들을 초대해 함께 시간을 보냈고, 85번째 생일 때는 이주민, 난민과 함께했다. '빈자의 성자' 프란치스코를 즉위명으로 선택한 것으로도 알 수 있듯, 겸손한 마음으로 치유의 교회를 실현하기 위해 앞장서며, 변화의 물결도 거스르지 않아 새로운 천주교를 이끌기 때문이다.

교황은 부에노스아이레스 대주교 시절 호화로운 관저를 버리고 작은 아파트에 살았고, 대중교통을 이용했다. 밤에는 혼자 빈민가를 찾아 봉사했다. 프란치스코 교황은 즉위 후에도 로마의 소년원으로 달려가 어린 소년원생들의 발을 정성스레 닦아주며 입을 맞추었다. 〈타임〉 지는 교황이 "극심한 피부병으로 얼굴이 혹으로 뒤덮인 남성의 이마에 입을 맞췄을 때, 이슬람 왕비에게 고개 숙였을 때 가톨릭을 넘어서는 울림을 줬다. 이것이 바로 수없이 많은 사람들이 그를 따르려는 이유"라고 강조했다.

무히카 전 대통령과 프란치스코 교황은 가난한 이들과 나누는 삶을 중요한 가치로 선택했다. 그래서 언제 어디서 어떤 모습이어도 항상 빈자들을 먼저 생각하는 삶의 자세로 많은 이들에게 큰 감동을 주고 있다.

사람들마다 추구하는 가치는 다양하다. 만약 "당신에게 가장 소중한 가치는 무엇입니까?"라는 질문에 "돈, 가족, 사랑"이라 대답했다고 가정해보자. 이 가운데 사랑은 우리가 추구하는 목적의 가치다. 사랑이라는 것은 우리가 궁극적으로 추구하는 마음 상태이기 때문이다. 가족과 돈은 우리가 궁극적으로 원하는 감정들을 불러오기 위한 도구, 즉 수단으로서의 가치가 된다.

만약 내가 당신에게 "가족이 왜 중요하죠?"라고 묻는다면 당신은 "가족과 함께 있으면 편안하고 행복하니까요"라고 대답할 것이다. 그렇다면 당신이 가족을 통해 원하는 궁극적인 가치가 "편안함, 행복"이 되는 것이다.

돈을 예로 들어보자. "돈이 왜 중요하죠?"라는 답에 당신은 "자유, 영향력, 가족들을 편안하게 해줄 수 있는 능력"이라 답할 수 있다. 이 답변에서 알 수 있듯이 돈은 우리가 인생에서 원하는 감정들을 원하기 위한 도구이다.

그러나 많은 사람이 살면서 마주치는 수많은 선택의 기로에서 수단과 목적으로서의 가치를 구분하지 못해서 잘못된 길을 선택하고 큰 고통을 받는다. 그렇기에 단적인 예로 돈을 목적으로 사는 수많은 사람이 자신이 진정으로 추구하는 가치를 얻지 못해 슬퍼한다. 돈만을 목표로 달려 엄청난 부를 이루고 난 후에 "내가 원한 건 이런 게 아니었어"라고 말하는 것이다.

예를 들어 어느 청년의 중요한 가치는 가족과의 행복인데, 성공한 사업가가 가족들이 원하는 것을 모두 이뤄주는 모습을 보고 그대로 살기로 결심한다. 그래서 사업을 시작하고 바쁘게 일해 가장 성공한 사람으로 인정받았다. 하지만 그는 불행했다. 일이 너무 바빠 가족들과 시간을 보내지 못해 가족관계가 냉랭해졌기 때문이다.

직장동료들과의 관계는 좋은 편이지만, 그가 궁극적으로 추구하는 사랑과 행복이라는 가치를 채워줄 수 없다. 결국 그는 성공한 사업가가 되겠다는 목표는 이루었지만, 인생에서 진정으로 원하던 삶을 살지 못한 것이다.

이때 그가 추구한 가족과의 행복은 최종적인 '목적가치'라고 하고, 사업가로서의 성공은 목적가치를 이루기 위한 중간목표인 '수단가치'라고 한다. 우리에게 수많은 기회를 주고, 인생을 풍요롭게 만들어준다. 그러나 수단가치를 목적가치로 착각하면 인생이 심하게 꼬인다. 진정으로 행복하려면 수단가치와 목적가치의 차이를 분명히 인식하고 삶의 기로에서 반드시 목적가치를 우선으로 추구해야 한다. 만약 가족과의 행복을 위한 수단으로 돈이 필요하다면 돈을 버는 가운데 반드시 가족과의 시간도 미리 계획하며 살아야 한다.

이 세상엔 자신이 추구하는 궁극적인 가치에 따라 실제로 성공적인 삶을 살고 있음에도 자신이 실패했다고 말하는 사람이 있다. 나는 그들에게 세상의 기준으로 자신의 고유한 삶을 채점하지 말라고 말해주고 싶다.

나는 '사랑, 평화, 자유, 기쁨, 행복, 지혜, 나눔, 열정, 봉사'를 내가 추구하는 가치로 선택했다. 당신은 인생에서 가장 중요하게 추구하는 가치는 무엇인가? 생각나는 대로 좋아하는 단어들을 나열해보자.

매일 내가 선택한 가치를 바라보며 스스로에게 질문해보자.

"내가 될 수 있는 가장 최고의 상태에 이르려면, 내가 추구하는 가장 멋진 모습이 되려면 이 가치들을 어떤 순서로 배열해야 할까?"

이런 긍정적인 질문 속에서 자신이 어떤 존재가 되고 싶은지 극명히 알게 될 것이다. 그리고 시간이 흘러 자신의 삶이 목적대로 나아간다는 쾌감에 소리를 지르게 될 것이다.

물은 절벽을 만나야 폭포가 된다

많은 사람이 건강하고 멋진 몸을 만들려고 애를 쓴다. 내 몸이 가장 멋진 순간을 촬영해 바디 프로필을 만드는 것도 유행처럼 번지고 있다. 나 또한 20대에 캐나다에서 지낼 때 굳은 결심을 했다. 그래서 몇 달간 매일 3시간 이상 운동하며 입에서 닭 냄새 날 때까지 삶은 계란 흰자와 닭가슴살, 두부, 채소, 과일만 먹고 지냈다. 그렇게 한동안 모델 같은 몸매를 유지했다. 40대에도 네 아이를 낳고 10킬로미터 마라톤을 2회 완주하고 바디프로필을 남기기도 했다. 하지만 언제까지나 멋진 몸을 유지하는 사람은 없으며, 유지하지 못했다고 해서 인생이 끝나는 것도 아니다.

인생에도 실패했다고 생각했을 때 그 자리에서 포기하느냐 다시 일어서느냐가 운명을 좌우한다. 그래서 다 끝났다고 생각될 때 그 자리에서 어떤 모습을 꿈꾸느냐가 중요한 것이다.

나는 초등학생 때 설악산에 친척과 함께 여행을 간 기억이 있다. 그런데 차를 타고 가며 너무 아름답게 물든 단풍이 있어 도무지 그냥 갈 수가 없었다.

"잠시만 여기 세워주세요."

나는 떨리는 마음으로 가까이 가서 나무를 살펴보았다. 그런데 멀리서 바라보았을 때 너무도 완벽했던 단풍잎이 가까이서 바라보니 모두 상처투성이였다. 어느 하나도 멀쩡한 것이 없었다. 생각해보니 가을의 불타는 단풍은 갑자기 뚝딱하고 나타난 것이 아니었다. 나무가 봄부터 여름까지 치열하게 살아왔기에 보이는 아름다움이었던 것이다.

박웅현 작가님의 《책은 도끼다》에는 "모든 근경(近景)은 전쟁이고, 모든 원경(遠景)은 풍경 같다"는 말이 나온다. 고난과 역경의 시절에 빠져 있을 당시에는 전쟁처럼 고통스럽지만, 나중에 돌이켜보면 아름다운 추억으로 변하기도 한다. 힘겨운 삶의 레이스를 펼치는 당신의 시선은 근경일 것이다. 그러나 다른 사람들은 부단히 노력하는 당신을 한 폭의 풍경처럼 멋지게 볼 것이다.

누구나 성공을 이루기 전에 많은 몇 번의 실패를 겪는다. 실패가 찾아왔을 때 가장 논리적이고도 쉽게 할 수 있는 조치는

'포기'다. 그것이 바로 많은 사람들이 포기하는 이유이기도 하고, 대다수 사람이 평범하게 사는 이유이기도 하다.

나의 딸 민지는 생후 6개월쯤부터 기려고 무척 애를 썼다. 끙끙거리는 소리가 들려 잠을 깨어보면 새벽에 민지가 혼자 깨서 복도까지 가서 기는 연습을 하고 있었다. 민지는 푹신한 요 위를 빠져나갔다가 힘에 부쳐 더 이상 전진할 수 없자 맨바닥에서 눈물을 터트린 것이다.

나는 그런 그녀의 모습이 너무 안쓰러웠다. 너무 고생하는 것 같아 좀 그냥 가만히 있으라고 말하고도 싶었다. 하지만 민지는 도전을 멈추지 않았고, 한 달쯤 지나자 보란 듯이 기어다녔다. 프랑스 작가 로랑 구넬은《가고 싶은 길을 가라》에서 아기는 평균 2천 번을 넘어지고 나서야 비로소 걷는 법을 배운다고 했다. 민지는 생후 10개월쯤부터 걸음마를 연습했는데 정말 하루도 빠짐없이 종일 넘어지고 부딪히는 수난의 시기였다. 그러나 민지는 참 즐거워 보였다. 마치 걷기 위해 태어난 사람처럼 깜깜한 새벽에도 혼자 벽을 잡고 서고 걷는 연습을 했다. 놀라운 점은 넘어질 때 민지는 절대 바닥을 바라보지 않는 점이었다. 곧바로 고개를 들어 목적지를 바라보고 다시 걸어갔다. 수없이 넘어지는 동안에도 결코 두려워하지 않는다. 가끔 넘어지면서 울음을 터트리기도 했는데 이는 넘어지는 것이 두려워서가 아니라 빨리 걷고 싶은데 뜻대로 되지 않아서였다.

15개월이 되자 민지는 엄청난 속도로 뛰어다녔다. 긴 거리도 혼자 걷고, 장애물이 있을 땐 부드럽게 돌아가는 기술도 터득했다. 포기하지 않는 사람은 실패해도 끊임없이 재기할 방법만 찾는다. 생각에 생각을 거듭하고, 적극적으로 배워 실패를 보완해 결국 원하는 결과를 얻어내고야 만다. 무수히 실패한 사람들은 그래서 기뻐해야 한다. 실패처럼 확실히 무엇이 틀렸음을 명확히 알려주는 스승이 또 어디 있는가?

내가 한국에서 괜찮은 대학을 다니며 부모님 회사에서 승승장구했을 때, 새롭게 도전할 아무런 이유가 없었다. 하지만 집이 어려워지고 떠돌아다니는 신세가 되니 어떻게든 새로운 길을 찾아야 한다는 절박함으로 기회만 찾아다녔다. 길이 없다고 느껴지면, 절벽을 오르는 절박한 심정으로 새로운 길을 만들어갔다.

매일 추격전이 벌어졌다. '절망'이라는 이름의 호랑이가 겁에 질린 토끼 같은 나를 집어삼키려 했다. 그러나 절망은 나를 끝내 잡을 수 없었다. 내가 죽을힘을 다해 뛰어 '희망'이라는 구멍에 숨어 나오지 않았기 때문이다. 나는 누구에게나 기적을 일으킬 힘이 있다고 믿는다. 다만 그것을 믿고 실행하느냐 하지 않느냐의 차이가 있을 뿐이다.

돌이켜보면 나에게도 여러 번의 힘든 시기가 있었다. 나는 10대 때 아파트 옥상에서 뛰어내릴까 수없이 생각하며 서성거렸다. 한창 우울증을 겪을 때인 20대의 꿈은 서른 살에 죽는 것이기도 했다. 그러나 죽어야겠다는 마음을 포기하고 지금까지 살아남았다.

만약 그때 죽겠다는 결심을 그대로 실행했다면, 내가 얼마나 성공에 가까이 있었는지 알지도 못하고 아무것도 이루지 못한 채 사라졌을 것이다. 그 뒤로 물론 힘들기도 했지만 다른 한편으론 기적처럼 기쁘고 행복하고 아름다운 일들 또한 가득했다.

사람들은 성공이 눈앞에 있음에도 종종 너무 빨리 포기한다. 성공이 있는 곳까지 고작 1미터, 당신은 이 위대한 성공을 눈앞에 두고 포기할 것인가?

한국인 최초 1800 대 1의 엄청난 경쟁률을 뚫고 일본 최고의 극단 '사계'에서 활동 중인 뮤지컬 배우 김지현은 이런 말을 했다.

"물은 그냥 물로서가 아니고 절벽을 만나야 폭포가 됩니다. 여러분이 지금 힘든 일을 겪고 계신다면 그것을 뛰어넘으세요. 포기하고 싶은 마음을 포기하세요. 포기는 정말 하기 쉬워요. 그래서 포기하고 싶은 마음을 포기하면 되는 겁니다."

절벽을 마주하기 힘들어 망설이며 포기한다면, 당신은 고여 있는 물처럼 언젠가는 썩게 될 것이다. 폭포가 되어 짜릿하고 생생하게 사는 경험을 포기하는 것이다. 지금까지 포기를 선택하며 살아왔다면, 포기하고 싶은 마음을 포기하면 어떨까?

포기하고 싶었던 가난한 시골 여공에서 수천억 매출을 만든 성공한 기업가 켈리 최 회장은 이렇게 외친다.

"He can do. She can do. Why not me?(그도 하고 그녀도 하는데 내가 왜 못해?)"

이 말처럼 그가 해냈다면 반드시 당신도 해낼 수 있다.

당신은 인생의 주인공이다

모든 사람은 태어날 때 천재로 태어난다. 어린아이들의 호기심과 끊임없는 탐구와 실험을 보면 경이로울 지경이다. 그런데 학교에 들어가면서 어른들이 정한 규칙을 따라 살기 시작하면서 천재에서 수재로 바뀐다. 그리고 직장과 군대 같은 규율화된 사회를 거치면서 수재에서 주어진 답을 고르는 평범한 사람이 되어간다.

나는 20대 시절 청소, 창고 관리, 영업, 마케팅, 매장관리, CS 등 바닥에서부터 일을 배워나갔다. 그런데 나에 대해 전혀 모르는 지방 매장에 가면 내가 나이가 적다고 함부로 대하는 직원들도 있었다. 이런 경우 나는 굳이 내가 누구인지 설명하지 않았다. 묵묵히 몇 시간 동안 고객들을 응대하며 매장의 디스플레이를 참신하게 바꾸고 필요한 물품들을 체크해 본사에 주문을 넣었다. 내가 파견된 매장은 대부분 최고의 매출을 달성했다. 그러면 직원들의 눈이 커지며 나를 조심스럽게 대하기 시작한다. 그리고 세일즈나 CS, 제품 관련 궁금한 것들을 물어보았다.

당시 나는 최고의 세일즈 우먼이라는 생각이 있었다. 그런데 한국을 떠나니 상황이 달랐다. 어딜 가나 일 잘한다며 극찬받던 내가 일할 기회조차 가질 수 없었던 것이다. 당시 나는 관광 비자로 입국했는데 사람들은 비자가 있어야 일할 수 있다고 했다. 그래서 다시 한국으로 돌아가 워킹홀리데이 비자를 신청하든가, 현지 회사에서 잡 오퍼를 받거나, 시민권자와 결혼해 워킹 비자를 발급받으라고 조언했다. 그러나 나는 당장 생활비가 필요한 상황이었다.

그래서 그들이 제시하지 않은 새로운 방법을 생각했다. 관광 비자로 일할 수 있는 가게들을 찾아다닌 것이다. 처음엔 모든 사람이 기피하는 업종을 시작으로, 비자 없이도 일할 수 있는 곳이 있냐며 온 사방에 물어보고 다녔다. 그리고 한국 사람들이 운영하는 가게를 가면 방법이 있을 것이란 말에 적극적으로 한국 상점들을 공략해 내 이력서와 이메일을 남기며 일자리를 구한다고 했다. 그중 다섯 곳에서 면접을 보고 싶다고 연락이 왔다. 나는 적극적으로 면접에 참여했고 모든 곳에서 함께 일해 달라는 제안을 받았다. 일자리가 없어 한국으로 돌아갈까 고민하던 내가 일자리가 넘쳐나 어디서 일할지 고르는 입장이 된 것이다. 나는 잠시 고심하다 다운타운의 옷 가게와 호텔의 음식점에 취직했다. 호텔엔 휴가를 보내러 온 유럽인 손님들로 항상 분위기가 좋았고, 맛있는 식사까지 제공받으며 어깨 너머로 요리 기술도 배울 수 있었다. 최신 유행의 20대 의상을 파는 옷가게 일도 재미있었다. 함께 일하는 스태프와 손님이 대부분 현지인이라 영어가 많이 늘었다.

그러나 적응은 쉽지 않았다. 한국에선 전국 20개의 매장과 직원을 관리하고, 항상 큰 그림을 보며 중심에서 지시하는 역할을 하던 내게 보조자의 역할이 익숙지 않았던 것이다. 아무리 하루 종일 일을 해도 내가 벌 수 있는 최대치의 금액이 고작 100만 원이라는 사실도 나를 절망케 했다. 나는 원인을 분석해보았다. 냉정하게 분석해보니 원인은 '환경'이 아니었다. 주어진 환경 안에서 관점을 형성했고, 그 안에서 할 수 있는 최대치만 꿈꾸던 것이 문제였다.

나는 면접을 보던 때처럼 다시 내 방식으로 삶을 뚫고 나가기로 결심했다. 방 한 칸에서 월세를 내며 살다가 번 돈을 모아 시청 앞 방 세 칸짜리 집으로 이사를 갔다. 그리고 벽보와 인터넷으로 세 명의 하숙생을 받았다. 그리고 그들에게 방값을 받으니 더 이상 내 월세를 걱정하지 않게 되었다. 그렇게 모은 돈으로 중고 스포츠카를 샀다. 차가 생기니 돈을 벌 기회가 더 생겼다.

한국에서 입국한 지 얼마 되지 않아 영어가 서툰 하숙생들에게 영어 과외를 했고, 아이들을 대상으로 그림 과외를 하며 돈을 착실히 모았다. 그리고 여러 곳으로 과외를 하러 다녔다. 가끔 현지인 친구들 따라 결혼식에 참여하거나 해변으로 놀러가 하루 종일 맨발로 모래를 밟고 에메랄드빛 바닷가에서 하늘을 바라보았다.

돈을 벌면 모두 영어 공부나 여행비로 사용했기에 평소엔 엄청난 구두쇠로 살았다. 레스토랑에서 일할 때 먹는 식사를 제외하면 대충 때우기 일쑤였다. 가끔 몸이 허하다는 느낌이 들면 쇼핑몰에서 싸게 파는 연어 머리나 그린 홍합을 사서 쪄먹곤 했었다.

그러던 어느 날 나는 밤마다 강가를 서성였다. 강가 다리 밑에 팔뚝만 한 민물장어들이 우글거린다는 이야기를 들은 것이다. 잡는 법도 어렵지 않았다. 그물망을 사서 참기름을 바른 생돼지고기를 그물망에 넣고, 다음날 가서 그물망을 빼오면 되는 것이었다.

'청정 뉴질랜드 강가의 야생 장어는 어떤 맛일까? 과연 그렇

게 몸에 좋을까?'

나는 일단 도전해보기로 결심했다. 당장 그물망을 사서 참기름을 바른 생 돼지고기를 그물망에 넣어두고 집으로 돌아왔다. 다음날 새벽에 강가에 도착해 그물망을 열어보면 꿈틀거리는 커다란 장어가 몇 마리씩 들어있었다. 나는 면장갑을 몇 겹이나 끼고 장어를 그물망에서 꺼내려는데, 장어가 엄청난 힘으로 내 손아귀를 빠져나가서 힘들었다. 우여곡절 끝에 봉투에 담은 장어를 일하던 식당에 가져갔고, 주인아저씨가 고추장 양념을 해서 구워주셨다. 둘이 먹다 하나 죽어도 모를 맛이었다. 나는 출국 전까지 자주 장어를 잡아 떨어지는 기력을 보충했다.

나는 해외에서 지내는 시간 동안 돈을 아낀다는 명목으로 미용실에 가지 않고 로션도 바르지 않고 지냈다. 햇빛을 좋아해 틈날 때마다 햇볕을 쬐어 온몸이 구릿빛이었고, 맨발로 다니는 날도 많았다. 끊임없이 돈을 벌면서 자투리 시간이 생기면 내가 좋아하는 그림을 그리고 글을 쓰고 사진을 찍으며 삶을 기록했다. 그렇게 삶을 능동적으로 살아가자 내 삶이 점점 나만의 색으로 칠해지며 자유로워졌다.

나는 뉴질랜드에서 '야생돌고래와의 수영'이라는 관광패키지에도 참여했다. 배를 타고 깊은 바닷가로 나가 돌고래가 자주 출몰하는 깊은 바다에 구명조끼를 입고 동동 떠 있다가 돌고래가 지나가면 다시 배에 타서 이동하는 스케줄이었다. 나는 막연히 돌고래가 내게 가까이 올 것이라 생각했는데 막상 바다에 빠져보니 상상과 다르게 야생돌고래는 사람들에게 가까이 오지 않았다.

가이드는 바다 한가운데에서 손뼉을 치고 노래를 부르며 돌고래의 관심을 끌라고 알려주었다. 그렇게 수차례 물에 젖었다 물에 빠지기를 반복하며 돌고래를 유인하기 위한 노래를 부르다 보니 배에 탔던 관광객들은 진이 빠져 더 이상 물속으로 뛰어들지 않았다. 그러나 나는 끝까지 포기하지 않고 바다에 머물렀다. 이윽고 한 무리의 야생 돌고래 떼가 놀라운 속도로 다가왔다.

깊은 바다에서 구명조끼에 의지해 노래를 부르고 힘차게 박수를 치던 나는 순간 모든 동작을 멈추고 돌고래 무리를 바라보았다. 그 순간 돌고래가 시야에서 사라지고 말았다. 깊은 바다 속으로 잠수한 것이다. 나는 순간적으로 고개를 물속에 넣어 깊은 바다와 마주했다. 태어나서 한 번도 그렇게 깊고 짙은 바닷속을 본 적이 없었다. 너무도 경이로운 심연의 바닷속에서 돌고래들이 자유로이 사라져가는 모습을 보았다. 영화 '그랑 블루'의 한 장면 같았다. 한가득 푸른색의 물감을 풀어놓은 듯한 고요의 바다에서 주인공 자크와 돌고래가 교감하던 심연의 바다. 그 아름다운 짙은 바다를 내가 직접 느끼고 있었다. 영화 속 '그랑 블루의 바다'가 '나의 바다'가 되던 순간이었다.

여행을 시작하기 이전의 나는 객관식 삶에 익숙한 사람이었다. 그래서 내 장래도, 헤어스타일도, 옷도 모두 골라주는 대로 정했다. 내 앞에 놓인 여러 가지 선택 중 가장 무난한 것, 남들이 괜찮다고 할 만한 안전한 길을 골랐다. 혼자 지내면서 주관식 삶을 선택했고 사소한 것 하나까지 뭐든 내 마음대로 정하며 살았다. 비록 힘든 삶이었지만 내 삶을 사랑했고 입만 열면 꿈을 노래했다.

한국에서 나는 객관식 삶에 익숙해져 있었다. 그래서 내 앞에 놓인 여러 개의 선택지 중에서 항상 가장 무난한 것을 선택했다. 그림을 그리고 싶었지만 인문계 고등학교로 진학해 공부했고, 졸업 후 적성에 맞지 않는 학과에 입학해, 중국어를 전혀 못하는 이상한 중문과 학생이 되어 불안해했다. 대학생 때는 매일 떠돌아다니며 일하는 데 지쳐 차라리 밥줄 끊길 일 없는 공무원이 되었으면 좋겠다는 상상을 하기도 했다.

그러나 세상을 떠돌게 되며 '객관식'과 '주관식'에 대해 곰곰이 생각할 수 있었다. 객관식의 '객(客)'이라는 한자는 손님이라는 뜻이다. 그렇기에 자신에게 주어진 답안지 중 가장 무난한 길로 살아간다면, 자신이 '주인'이 된 삶이 아닌 '손님'의 삶을 살게 된다. 내가 만약 중문과에서 만난 다른 친구들처럼 중국어통·번역 분야에서 일하거나, 공무원 시험을 준비했다면 나는 아직도 내 삶을 주인이 아닌 손님처럼 살고 있었을 것이다.

지금 누구를 만나고 어떤 일을 해도 상관없다. 당신은 당신 삶의 유일한 주인이다. 그러므로 더 이상 손님으로 살지 말고 주관(主觀), 즉 주인의 관점으로 살아가라. 자신이 무엇을 중요하게 여기는지 모르고 사는 사람들은 남이 시키는 대로 손님처럼 살게 된다. 그러니 이제부터라도 자주 자신이 원하는 삶에 대해 떠올려라. 당신은 인생의 '손님'이 아닌 '주인공'이다.

내가 우주를 희망으로 채우는 방법

월드비전 세계 시민학교 교장 한비야 작가님은 강연 중 사진 한 장을 보여줬다. 뜨거운 여름 물 한 방울도 귀한 구호현장에서 꾀죄죄한 모습으로 두꺼운 방탄조끼를 껴입고 활짝 웃고 있는 사진이었다. 그리고 그녀는 이렇게 말했다.

"지금 강의하느라 화장하고 꾸민 제 모습도 괜찮지만, 제가 제일 멋있어 보이는 곳은 바로 이 사진 속 긴급구호 현장입니다. 사진 속 제 얼굴 너무 빛나지 않아요?"

그날 강연을 듣던 나는 무대에서 자신의 꿈을 이야기하는 한비야가 아름답게 느껴졌다. 지금도 한비야는 가슴 뛰는 소리를 따라가 만난 자신만의 무대에서 모든 열정을 쏟아붓고 있다.

“자기가 어디로 가고 있는지를 아는 사람은 세상 어디를 가더라도 길을 발견한다.”

데이비드 스타 조르단의 말이다.

나는 30대가 되어 내가 이제까지 해온 글, 사진, 그림, 강연 등 모든 창작 활동을 아우를 만한 무대를 찾았다. 리치써클 아카데미는 풍요를 적극적으로 받아들이고 교류한다는 비전 아래 설립되어 여러 분야의 부자들을 양성한다.

마음 부자, 사업 부자, 재능 부자, 딸 부자, 미소 부자, 행복 부자, 취미 부자, 흥 부자, 나눔 부자, 레피시 부자, 책 부자 등 자신이 잘하는 분야의 풍요를 나누는 것이다.

마음을 사랑으로 채워주는 전시회, 쉽게 실천할 수 있는 성장법을 말하는 강연회 그리고 끊임없이 출판될 도서와 김새해 유튜브, 인스타그램 활동이 세상을 풍요롭게 만드는 방법이다. 나는 글, 그림, 강연 등으로 끊임없는 창작활동이 이어지는 나의 삶을 사랑한다. 삶의 목표를 향해 달려가는 이들에게 내가 경험한 풍요를 나누고 함께 희망을 나누며 우리 안의 빛을 드러내자고 부추기는 멋진 일이기 때문이다.

삶은 한 편의 멋진 공연이다. 가수가 콘서트를 하고, 배우가 영화를 찍고, 화가가 그림을 그리고, 방송작가가 드라마 대본을 쓰는 것처럼 우리 또한 스스로의 인생을 만들어가고 있다. 나는 무엇이든 작품을 시작하면 얼마나 해야 내가 원하는 메시지를 표현할 수 있을지 고민한다. 관객이 나의 마음을 느끼길, 내가 봐도 만족스러운 작품을 완성하길 원한다.

당신의 피엔 부모님의 DNA가 흐른다. 그러므로 최고의 효도는 부모님께 받은 모든 재능을 활짝 꽃피우며 사는 것이다. 같은 맥락으로 당신의 영혼엔 신의 DNA가 흐른다. 그러므로 영적 부모님인 신에게서 받은 DNA가 삶 속에서 발현될 수 있도록 최선의 노력을 기울여야 한다. 모두에게 주어진 창조성은 각자의 소명에 따라 다르게 표현될 수 있다. 그러나 중요한 것은 그것이 무엇이 되었든 당신의 소명을 현실로 드러나게 하는 것이다.

'창조'라는 말에 부담을 가질 필요는 없다. 최선을 다해 오늘을 살아갈 때 삶은 제대로 한판 놀아볼 만한 무대가 된다. 각자 자신의 위치에서 할 수 있는 만큼 해내면 된다. 나는 오늘도 네 아이들을 키우며 빈 화폭과 원고지, 유튜브 라이브로 빽빽이 꿈을 그리며 나의 무대를 준비한다. 리치써클 아카데미는 그래서 더 나은 내일을 꿈꾸는 모든 이들에게 '빛'을 공급해주는 '빛 발전소'가 되고, 사람들은 스스로가 빛임을 알아차리게 한다.

매일 방전되는 건전지처럼 살던 이들이 스스로 발전기가 되어 세상에 빛을 전하는 모습을 상상해보라. 스스로 빛을 발하는 발전소가 많아진다면 온 우주를 풍요로 가득 채운다는 꿈 또한 이루어지게 된다.

오늘도 나는 꿈을 향한 젊은이들을 생각하며 창작물에 내가 가진 모든 좋은 것들을 쏟아붓고 있다. 내 삶에서 나 스스로가 이토록 빛나고 가치 있게 느껴질 무대는 없을 것이다. 당신은 어떤 무대를 준비하는가? 그곳에서 어떤 공연이 펼쳐지기를 꿈꾸는가? 남들이 이미 차지한 무대를 힐끔거리며 자신의 초라한 무대를 탓하는가? 나는 오랜 시련 끝에 자신이 보여줄 수 있는 것이 무엇인지 찾아낸 한 사람을 소개하고 싶다.

개그맨 오종철 씨는 SBS 공채 5기 개그맨으로 연예계에 발을 내디뎠지만, 웃기지 못한다는 이유로 활동의 기회가 많이 주어지지도 않았고 동료에 비해 인기도 얻지 못했다. 그는 수년간 자신의 이름을 알리지 못하고 살아갔다. 하지만 이러한 절망은 곧 새로운 도약의 계기가 되었다. 그는 자기 자신에 대한 재정의를 통해서 '소통테이너'라는 새로운 길을 개척했다. 자신의 강점을 찾던 중 자신이 EBS 라디오를 진행하면서 유명 인사들을 많이 알고 있던 사실을 깨달은 것이다.

또한 일찍부터 관심 있게 본 세계적인 강연 행사인 '테드

(TED)'를 떠올려, 강연 프로그램의 진행과 기획에 도전하기로 했다. 그는 1900만 원의 대출을 받아 강연 행사를 잡기 위해 백방으로 뛰어다녔다.

"절박한 시점에서 광화문 드림스테이지가 눈에 확 들어왔습니다. 그래서 KT를 4개월 동안 찾아갔어요. 그 무대에 서고 싶다고. 그래서 두 번의 공연을 기획하고 진행할 수 있는 기회를 얻었습니다. 그렇게 시작해서 2년 반 동안 한 달에 한 번, 마지막 주 목요일에 공연을 올렸습니다."

광화문 드림스테이지에서 열리는 강연과 공연이 함께 어우러진 오종철의 토크콘서트는 기대 이상의 반응을 얻어 입소문이 났다. 이후 잡코리아로부터 연락을 받은 그는 '나꿈소(나의 꿈을 소리치다)'라는 콘서트를 기획해 진행했다. 또한 나눔 콘서트인 '모나콘(모발나눔콘서트)', 팟캐스트 방송인 '꼴통쇼(꼴찌들의 통쾌한 승리)' 등의 기획과 진행을 맡으며 하나뿐인 소통테이너로서의 역할을 톡톡히 했다.

인기 강사가 된 오종철은 대출금을 갚은 것은 물론, 고액연봉을 받는 강사이자 기업인이 되었다. 그렇게 그는 인기 없는 개그맨 1명에서 대한민국에 1명뿐인 '소통테이너'가 되었다. '소통테이너'라는 개인브랜드를 등록한 유일한 사람이 된 것이다. 지금도 자신의 사업을 운영하며 독자적인 삶을 살아가고 있다.

당신이 원하는 대로 되지 않는다고 미리부터 겁먹지 마라. 당신은 곧 세상에 드러나게 될 당신만의 스토리를 만들어 내는 훌륭한 바탕 위에 있는 것이다. 당신은 할 수 있는 노력을 기울여 좋은 씨앗을 뿌려두었다. 그리고 이제 때가 되길 기다리면 된다. 그러니 부디 당신의 과거를 너무 쉽게 여기지 말라. 어떤 위대한 사람도 고통을 이겨내는 노력 없이 존재할 수 없었다.

당신만 무대를 찾는 것이 아니라 무대 또한 당신을 찾고 있다. 그러므로 자신의 강점을 찾아 절망했던 기억으로 돌아가라. 절망을 이기고 나온 자신만의 독창적인 스토리를 찾아보는 것이다. 맨몸으로 바위에 부서지는 파도의 소리가 아름답게 들리는가? 그렇다면 당신이 겪은 수많은 부서짐의 소리도 결국 아름다움으로 남을 것이다. 남의 경험인 줄 알았던 고생담 또한 스스로 겪으면 자신만의 독특한 파도가 된다. 만약 이런 소리를 잘 분류해 묶으면 나만의 유일한 콘텐츠가 되어 다른 사람을 도울 수 있다.

당신에겐 절망을 이겨냈던 강력한 메시지가 있다. 부디 그걸 잘 다듬어 다른 사람들에게 전달하길 바란다. 당신이 해왔던 꾸준한 연구와 살면서 얻은 지혜는 누군가에게 큰 영감이 된다. 당신이 지금 하는 일은 다른 이들에게 도움이 된다. 현실에 좌절하지 말라. 당신의 현실보다 당신은 훨씬 큰 사람이다. 부디 지나간 당신의 과거를 너무 쉽게 여기는 바보가 되지 말라. 가슴으로 느낀 삶의 지혜는 가슴으로 전달되기 마련이다. 그런 점에서 나의 지난 날이 담긴 이 책이 당신의 가슴속에 잠자고 있는 빛을 깨우길 바란다. 내가 했으니 당연히 당신도 할 수 있다. 내가 빛이면 당신도 빛이다.

이제 당신의 때가 왔다. 당신만의 개성과 능력을 발전시킨 당신의 무대가 펼쳐지는 것이다. 그것은 글이 될 수도 있고, 노래가 될 수도 있고, 춤이 될 수도 있고, 장사가 될 수도 있고, 강연이나 육아, 회사생활이 될 수도 있다. 그렇게 시작한 당신만의 무대를 서서히 매일 키워가라. 나는 온 마음으로 당신의 무대를 응원한다. 무대에선 아무 눈치 보지 말고 마음껏 즐겨라.

당신은 당신다울 때 가장 빛나고 아름답다.

예전의 전략이 더 이상 먹히지 않을 때

나이키는 잉글랜드 변두리 풋볼 클럽에서 자란 가상의 주인공을 주제로 "다음 단계를 향하여(Take it to the next level)"라는 광고를 제작한 적이 있다. 이 광고는 시청자가 마치 주인공이 된 듯한 느낌을 받을 수 있어 엄청난 몰입감과 재미를 준다. 1인칭 시점으로 제작된 이 광고는 잉글랜드 하위리그에서 뛰던 선수가 아스날의 감독인 아르센 벵거의 눈에 띄어 아스날에 입단한 후 맨유, 인터밀란, 바르샤 등 다양한 리그의 팀과 경기를 가지는 순서로 진행된다.

그는 맨유의 웨인 루니와 호날두 앞에서 프로의 벽을 실감하고 트레이닝에 돌입한다. 그리고 얼마 뒤 그는 홈경기에 데뷔하여 사냐의 어시스트를 받아 멋진 골을 성공시킨다. 그렇게 탑 플레이어로 주목받아 부와 명예를 모두 얻고 챔피언스 리그에 출전했는데, 이곳에서 인터밀란의 마테라치와 이브라히모비치 FC바르셀로나의 호나우지뉴의 환상적인 플레이 앞에서 다시 벽을 느끼고 구토가 나올 정도의 하드 트레이닝을 시작한다. 가끔 동료의 바지를 벗기는 장난을 칠 만큼 선수들과 돈독해진 그는 결국 국가대표가 되어 포르투갈과 네덜란드의 국가대항전에서 호날두에도 뒤지지 않을 플레이를 선보인다.

광고의 마지막 장면은 쓰러진 주인공을 판 니스텔로이가 일으켜 세우고 슈나이더가 주인공을 위해 프리킥 찬스를 양보하는 것이다. 주인공이 호흡을 가다듬고 역사적인 프리킥을 차는 그 순간, 화면은 정지되고 "다음 단계를 향하여(Take it to the next level)"라는 카피로 마무리된다.

나이키는 물건을 사라는 1차원적인 표현이 아닌, 나이키의 모토와 인생관을 한 편의 영화로 전달했다. 그것은 바로 "너의 인생에서 다음 단계를 향해 달려라. 그리고 성취하라"는 메시지이다.

나이키는 이 광고처럼 다음 단계를 향해 무섭게 도약하고 있다. 그렇다면 나이키의 경쟁상대는 과연 누구일까? 답은 놀랍게도 '애플'이다. 이 사실을 알고 경악하는 우리에게 "말도 안 되는 소리라 한다면 당신은 이미 시대에 한참 뒤처진 사람이다"라고 일침을 놓는 사람이 있다. 머니투데이 기획취재부장으로 실리콘밸리에서 활동하는 유병률 특파원이다.

그는 의아해하는 우리를 위해 이렇게 설명한다. 사실 불과 수년 전만 해도 나이키의 경쟁상대는 닌텐도였다. 닌텐도의 인기가 하늘을 찌를 때, 거실에서 운동하는 사람들이 늘어 상대적으로 외출할 때 신는 운동화를 신을 일이 확 줄어들었다. 그래서 나이키는 자사의 운동화에 게임기를 달아버린 역사적인 사건이 벌어졌다. 운동화 밑창에 센서를 달아 얼마나 어떻게 움직였는지 기록하고, 이것을 가지고 웹사이트와 소셜네트워크를 통해 친구들과 경쟁하듯 즐길 수 있는 시스템을 구축한 것이다. 나이키의 이 혁신적인 생각으로 운동 자체는 게임이 되었고, 운동화는 게임기가 되었다. 이것이 '나이키 플러스'라는 나이키의 앱 이야기이다.

나이키는 이에 멈추지 않고 또 한 번 진화했다. 2012년 손목에 차는 '나이키 플러스 퓨얼밴드'를 내놓았다. 걷거나 뛰는 모든 움직임이 칼로리 소모량, 운동거리, 운동시간 등으로 측정돼 밴드의 LED 화면에 표시된다. 아이폰과 동기화하면 운동량이 그래프로 나타나고, 매일매일 아니면 한 달 단위로 계획을 세워 목표치를 경신할 수도 있다. 잘했으면 축하도 해주고, 페이스북과 트위터로 다른 이용자와 경쟁할 수도 있다.

그러므로 이제 나이키는 더 이상 운동화 회사가 아니다. 이용자들의 데이터를 이용해 새로운 가치를 만들어 낸다는 점에서 데이터 회사이고, 센서와 스마트밴드를 만들어 판매하니 디바이스 회사다. 또한 사람들 간의 소통에서 또 다른 가치를 만드니 미디어 회사이기도 하며, 닌텐도에 맞장을 뜨던 게임회사이기도 하다.

이런 진화를 이끌어 낸 나이키의 CEO 마크 퍼커도는 이렇게 말했다.

"나이키는 물리적인 것들과 디지털 세상이 합쳐지는 흥미로운 가능성을 한 단계 발전시키려 한다."

그러므로 나이키는 오히려 본격적으로 애플과 대결하려는 것이 아닌가 싶다.

나이키는 2013년 3월부터 초기 벤처기업 액셀러레이터를 출범했다. 아이디어가 있는 창업가들을 선발해 벤처회사를 만들 수 있도록 2만 달러 자금과 사무실을 제공하고, 실리콘밸리 출신 전문가들이 멘토링까지 해준다. 돈과 노하우, 소스, 시장까지 다 제공할 테니 나이키의 디지털 플랫폼 '나이키 플러스'를 가득 가득 채울 혁신적인 애플리케이션을 만들어보라는 뜻이다. 실리콘밸리의 굵직한 테크놀로지 회사들의 전유물이었던 액셀러레이터를 이제 운동화 회사가 하려는 것이다.

이런 변화가 너무 빠르게 느껴지는 것이 당연하다.

"그저 소비자에게 그들이 뭘 원하는지를 묻고 나서 그들에게 그것을 만들어주려고 한다면 그 개발이 끝날 즈음에는 다른 새로운 뭔가를 원하게 될 것입니다. 그러므로 소비자가 원하는 제품을 먼저 창조해야 합니다."

애플을 창업한 스티브 잡스의 말이다. 그는 창조에는 위험이 따르지만 성공할 수 있다는 가능성을 전하며 이렇게 말하기도 했다.

"지금 당장은 위험한 일들로 가득하지만 이런 건 언제나 좋은 징조입니다. 그것들을 꿰뚫어 보면 또 다른 측면도 보게 되죠. 그러면서 이것이 크게 성공할 수도 있겠다고 말합니다."

나이키 또한 애플처럼 호기심과 직감을 따르며 수많은 경험을 통해 창의력의 원천이 되어가고 있다.

사람들은 세상이 변해 더 이상 예전의 전략이 먹히지 않는다고 말한다. 그렇다면 이제 나이키처럼 무한 진화하라. 빠르게 변하는 세상의 흐름보다 더 빠르게, 과감하게 세상과 함께 변하는 것이다. 실리콘밸리의 큰 손이라 불리는 아미드는 양탄자와 생수를 판 돈으로 건물을 매입해 막 창업한 IT 기업들에게 사무실을 임대했다. 창업가들의 오아시스라고 불리는 그의 건물은 매년 300여 개 스타트업이 입주해 비즈니스에 도전하고, 투자받고, 대기업에 매각될 수 있도록 지원받고 있다. 그는 한국 학생들에게 삼성으로 들어가려고 노력하기보다 '수천 개의 위대한 기업'을 만들라고 조언했다.

작가 루돌프 플레쉬는 그런 의미에서 창의력에 대해 이렇게 정의했다.

"늘 해오던 방식을 고수할 필요가 전혀 없다는 깨달음, 그것이 바로 창의력이다."

한국의 교육은 아직 기업가가 되기 위한 예술가나 기업가가 되기 위한 의사나 기업가가 되기 위한 과학자를 가르치지 않는다. 그렇다면 각자 알아서 기업가가 되기 위한 준비를 해야 한다. 즉, 같은 것을 배워도 끝없이 아이디어를 내고 스스로 혁신해야 하는 것이다. 누구나 스무 살에 대학을 가고, 스물다섯에 직장을 다니며 서른에 결혼해야 하는 것은 아니다. 그러니 한 살이라도 어릴 때, 많은 것을 책임질 부담에서 자유로울 때 꿈이 있는 세상을 향해 과감히 떠나라.

누구나 주는 사람이 될 수 있다

"누가 내게 1억만 주면 좋겠다."

대박 나기를 바라는 마음은 누구에게나 있다. 그러나 아무런 노력 없이 막연히 대박 나기만을 기다리는 사람들을 보면 참 피곤하다. 이 세상 어떤 바보가 준비되지 않은 사람에게 돈 보따리를 안겨주겠는가? 나는 당신에게 한 가지 질문을 던져보고 싶다.

"왜 바라기만 하는가? 당신이 주는 위치에 있으면 안 되는가?"

남에게 기대하지 마라. 특히나 부모님 돈은 절대 당신 돈이 아니다. 콩고물이 떨어지길 기대하는 삶은 위태롭다. 기꺼이 준다면 감사히 받을 순 있어도, 주지도 않을 사람에게 매달리는 추한 짓은 하지 마라.

누구나 주는 사람이 될 수 있다. 주는 즐거움을 느낀 사람들은 받는 것과는 비교할 수 없는 행복을 느낀다. 나는 여행을 통해 많은 노숙자를 만났다. 그들 중에는 완벽한 영어를 구사하는 시민권자나 대학 졸업자도 있었다. 그들은 학교를 다니며 아르바이트로 한 달 내내 일해 봐야 50만 원도 벌지 못하는 내게 돈을 달라고 손을 벌리곤 했다. 나는 오죽하면 나에게까지 손을 벌릴까 하는 생각에 그들에게 돈을 주곤 했다, 그런데 칼리지 사회복지 담당교수님께서는 그들에게 돈을 주면 약을 구하니, 정 그들을 돕고 싶다면 반드시 물품으로만 주라고 하셨다.

만약 누군가 홈리스에게 10억을 주면 어떤 일이 벌어질까? 아마 빨리 써버리고 다시 홈리스 생활을 계속할 것이다. 돈을 벌고 관리하는 능력이 없기 때문이다.

나는 어느 날 이런 말을 하는 사람을 만났다.

"여자 마음 사기 너무 쉬운 것 같아. 명품백 하나 골라주면 끝이야."

당시 나는 그게 무슨 이야기인가 하는 생각이 들었다. 명품이 도대체 뭐기에 여자가 마음을 내준단 말인가. 나는 평소엔 수수한 차림이고 전시장이나 강연장에서 필요한 옷을 사는 것 외엔 불필요한 쇼핑을 하지 않은 지도 꽤 되었다.

'요즘 저 상표가 많이 보이네. 유명한 시장 가방인가?'

나는 루이비통 브랜드를 30대가 넘어 알게 되었다. 그전에는 너무 흔히 보여서 시장가방이라고 생각했었다. 20대의 대부분을 일하고 책 읽고 그림 그리고 글 쓰고 봉사하며 바쁘게 살아왔기 때문에 다른 것엔 전혀 관심이 없었다. 물론 나도 놀고 싶은 날이 있다. 드레스나 치마를 입고 파티에서 와인 마시는 사람들이 부럽기도 했다. 그러면 나도 똑같이 화장하고 치마를 입고 구두를 신고 머그컵에 와인 한 잔을 따라놓고 재즈음악을 틀어놓은 채 집에서 그림을 그리고 글을 썼다. 주 7일 일했고 항상 칼럼 마감이 다가온다거나, 전시회 일정이 잡혀있기 때문에 놀기 위해 밤을 새거나 술을 취할 때까지 마시는 건 있을 수 없는 일이었다.

당시 아카데미 카운슬러로 일하는 사무실의 주 고객은 유학생이었는데, 그들은 귀국 전 뉴욕에 들러 명품을 쇼핑하곤 했다. 그러나 나는 뉴욕을 수차례 방문했음에도 가본 적은 없었다. 일이 끝나면 미술 재료를 사러 화방에 들르고 자투리 시간엔 그림을 그리며 시간을 보냈기 때문이다. 하루는 내 앞에서 신상 명품을 자랑하던 유학생 한 사람이 이렇게 말했다.

"예쁘죠? 과장님도 하나 사세요."

"난 괜찮아. 지금은 전시 준비로 바빠. 시간이 없어."

"에이, 요즘 명품 하나 없는 사람이 어디 있어요. 남자친구한테 사달라고 하세요."

"남자친구 없어. 그리고 돈 있으면 꿈을 이루는 수단으로 써야지. 책 사고, 그림 재료 사고, 세미나 듣고. 명품가방은 길어야 몇 년이지만, 나한테 투자하면 평생 가잖아."

"그래도 명품가방 없으면 쪽팔려요."

"명품가방이 없어서 쪽팔릴 이유는 없어. 정말 쪽팔린 건 남의 돈으로 명품 사서 자기 것인 양 으스대는 거야. 정 필요하면 자기가 벌어서 사야지. 그리고 그 가방이 스물세 살인 네게 꼭 필요해?"

"그래도 명품 가방을 들어야 대접받죠."

나는 그녀의 얼굴을 물끄러미 바라보고 이렇게 말했다.

"명품이 있든 없든 네 존재와는 아무 관계가 없어. 충분히 빛나고 아름다워. 넌 명품 없이도 이미 충분히 귀한 사람이야."

그녀는 멍한 얼굴로 나를 쳐다봤다. 사람이 명품보다 귀하다는 이야기는 태어나서 처음 들어봤다고 했다. 주변 친구들은 다들 명품으로 온몸을 휘감아야 대접받는다고 부모님을 졸라 명품 사기 바쁜데, 나는 명품 하나 없어도 왜 자신감 있어 보이는지 알겠다고 했다.

꿈이 있기에 부를 추구하는 사람들과 과시하기 위해 부를 추구하는 사람은 다르다. 꿈이 있는 사람은 누구나 부자가 된다. 꿈을 실현하기 위해서 반드시 돈이라는 수단이 필요하기 때문이다. 목표가 확고하면 수단은 자연히 갖춰진다. 내 갈길을 충실히 가다보면 오지 말라고 해도 돈이 저절로 따라온다. 그러므로 돈 벌 방법을 찾으며 동시에 꿈을 이룰 생각도 지속해야 한다. 권투할 때 수비와 공격을 계속하는 것처럼 말이다. 그러면 돈과 운은 자연히 따라온다. 돈이 있으면 선택의 폭이 넓어져 꿈을 이룰 더 많은 기회를 얻는다.

온몸을 수억대의 명품으로 휘감아도 뭔가 아쉬워 보이는 사람이 있다. 가진 것 하나 없어도 스스로 빛나는 사람도 있다.

자기 스스로 명품이 되는 게 꿈이라고 말하는 청년들은 꽤 많다. 그러나 '명품'이라는 말이 원래 '상품'에 사용되는 단어라는 건 인식하지 못했을 것이다. 인간에게 '품'이라는 단어를 사용할 필요는 없지 않을까? 소품 몇 개로 꾸미지 않아도 당신은 이미 충분히 귀하다.

직장을 떠나고 나니 내 삶은 자유로워졌다

초등학생 때는 "엄마 말 좀 들어라."

중학생 때는 "공부 좀 해라."

고등학생 때는 "대학 좀 가라."

대학을 졸업하면 "취업 좀 해라."

취업하면 "결혼 좀 해라."

결혼하면 "애 좀 낳아라."

한국의 2030세대가 귀에 못이 박이도록 들었을 '좀좀좀' 시리즈다. 그렇게 똑같은 옷을 입고, 똑같은 소리를 들으며, 한눈 한번 팔지 않고 열심히 살면 평범한 대학생을 지나 평범한 직장인이 된다. 부모님 말만 듣고 아무 문제 없이 살다가, 막상 대학을 졸업해 사회에 진출하고 나면 실망감이 몰려온다. 이상과 다른 현실과 마음에 맞지 않는 직장동료들 사이에서 오늘도 회식이라는 핑계로 술을 들이켠다. 아침에 일어나 저녁 늦게까지 학교와 직장 그리고 집을 오고 가다 보면 한 것도 하나 없는데 소중한 20대가 저물어간다. 왜 그렇게 많은 날을 학점관리에 힘쓰며 토익 토플에 매달렸는지 도무지 이유를 알 수 없다.

"내가 바라는 인생은 이런 게 아닌데……."

누구의 잘못일까? 시키는 대로 살아왔건만 세상은 맘대로 풀리지 않고, 현실 속 내 모습은 너무도 갑갑하다. 유치원 때부터 말 잘 듣고 자랐는데, 내 삶은 왜 이런 걸까?

당신의 삶엔 항상 이런 질문이 있다.

"좋아하는 일을 하며 사는 것이 과연 가능한 일일까?"

나는 대답한다. "가능하다."

내가 세상에서 만난 1인 창조기업가들은 하나같이 생동감이 넘치며 진취적이었다. 그들을 보면 재미있는 놀이에 열중하고 있는 아이같이 활력이 넘쳤다. 자신이 진정으로 하고 싶은 일을 하며 사는 즐거움이 바로 그런 활력을 만들어 내는 것이다.

어렸을 때부터 부모가 정해준 대로만 살아왔다면, 이제는 독립할 시간이다. 스스로 결정을 하고, 후회도 해보며 성장하는 것이다. 넋이 나간 표정으로 멍하니 학교에서 자리만 차지하고 있는 학생이 되지 말라. 그렇게 시간과 돈 그리고 귀한 젊음을 낭비할 바엔 차라리 그만두고 원하는 일을 하는 편이 낫다.

좀 더 멀리, 좀 더 높이 날아가려면 누군가의 명령이 아니라 자기 내부로서의 울림이 필요하다. 부모님을 기쁘게 해드리기 위해, 혹은 어떤 보상을 받기 위해 움직였던 외적인 동기가 아니라 진정으로 자신을 변화시킬 수 있는 영혼의 소리를 찾아야 한다. 그 소리는 그 어떤 보상보다 강하다. 내가 원하는 것이 무엇인지, 그 길을 가기 위해서 어떤 방법을 찾아야 하는지, 왜 지금 가야 하는지 알면 그다음부터는 아우토반을 달리는 람보르기니와 같을 것이다.

그러니 누구의 잘잘못을 따지려 하지 말자. 자신이 원하는 길을 찾고, 스스로에게 보상을 주며 사는 사람은 빛이 난다. 물론 그 길을 가는 사람은 아무것도 탓하지 않는다. 전적으로 스스로의 선택이었으니까. 홀로 가는 길은 죽도록 고독하다. 나 또한 아무도 가지 않은 길을 홀로 걸어갈 때 그랬다. 하지만 이대로 조연으로 흘려보내기엔 내 젊음의 무대가 너무 아까웠다.

1인 기업을 하려면 무조건 직장을 그만둬야 하는 건 아니다. 나는 항상 좋아하는 일을 하며 살고 싶다는 열망에 사로잡혔다. 그래서 생계유지를 위한 일을 하며 번 돈을 몽땅 꿈에 투자했다. 그리고 점점 재미있게 할 수 있는 일을 찾아 화가, 칼럼니스트, 강연가, 작가, 사업가, 콜렉터, 투자자가 되었다. 일이 너무 재미있어 돈 한 푼 벌리지 않는다 해도 상관없었다. 그래서 직장에서 번 돈으로 항상 꿈을 향해 나아가는 데 투자했다. 그랬더니 어딜가나 좋은 기회가 생겼다. 결국 그 뒤론 돈에 구애받지 않고 원하는 일들에 집중할 수 있었다. 그리고 마침내 직장을 떠나 진정 자유로워졌다.

그러나 냉정하게 일의 강도만을 놓고 보자면 회사에서 일할 때보다 10배는 더 고되다. 보통 내 근무시간은 하루 12~14시간을 훌쩍 넘는다. 공부, 육아, 사업, 강의 준비, 글 쓰기, 회의, 전시기획, 미술 창작활동 등 나에게 5천억이 있다면 어떻게 살까 생각해보니 아마 지금과 크게 다르지 않을 것 같다. 시간 가는 줄 모르고 빠져드는 것이다.

"세상을 바꾸고 싶다면 적어도 일주일에 80시간을 일해야 하며, 누구도 1주일에 40시간만 일해서는 세상을 바꿀 수 없습니다."

세계 1위 부자 일론 머스크의 말이다. 그는 308조의 자산을 가지고 있는데, 대부분 일주일에 7일 일하고, 일어나서 잠들 때까지 계속 일한다고 한다. 일이 제대로 되어가면 너무 재미있어서 밥 먹는 시간도 아깝다. 자야 할 시간이 되어 자리에 누워도 신이 나고 흥분되어 계속해서 질문하고 답을 던진다.

"행복의 비결은 포기해야 할 것을 포기하는 것이다."

앤드루 카네기의 말이다. 이처럼 나는 선택과 집중을 통해 내가 잘할 수 있고, 항상 하고 싶어 하는 일을 찾아 나머지는 모두 포기했다. 친구와 만나지도 않고 술을 먹지도 않는다. 외출도 거의 하지 않으며 나를 사랑하는 사람들과 시간을 보낸다. 그 결과 삶이 아주 간결해지고 더욱 행복해졌다. 나는 원하는 곳에서 원하는 사람과 좋아하는 일만 하면서 살고 있다. 놀다보면 시간이 훌쩍 가는 것처럼 매일 시간이 날아가는 것 같다.

1인 기업가의 삶은 이 세상으로 신이 자신을 보낸 목적, 즉 자신의 소명을 찾는 길이다. 사람은 누구나 '나답게 사는 길'을 발견하고 나아가야 한다. 그리고 기왕 나답게 살겠다고 결심했다면 과감한 목표를 세워서 더 많은 성과를 얻어야 한다. 일생에 단 한 번이라도 큰 성공을 거둔 적이 없는 많은 사람과 목표를 이룬 사람들의 차이는 단순하다. 큰 목표를 세웠느냐 아니냐의 차이다. 그러니 오늘부터 매일 질문을 던져라.

"큰 목표를 세웠는가? 어떻게 하면 지금 있는 자리에서 실현하며 살 것인가?"

우주도 기절할 만한 야심 찬 목표를 세우고 이를 달성하는 자신의 모습을 매일 상상하라. 그렇게 하면 큰 만족감을 느끼며 '나도 할 수 있다'는 각오로 과감한 목표를 달성할 수 있게 된다.

가슴에 담은 '꿈'과 곧 사라질 '망상'은 지금 준비하고 있느냐, 아니냐의 차이다. 그러니 몸으로 계속 움직이며 가슴에 담은 꿈을 이루어나가자. 실패나 포기를 두려워하지 말자. 넘어지지 않고 어떻게 삶의 자전거를 타는가? 빠르게 많이 수없이 실패하는 사람이 가장 크게 성공할 수 있다는 것을 기억하라.

당신은 지금 끌려가는 삶을 사는가? 끌고 가는 삶을 사는가? 나는 무수히 잘려보았다. 아무리 좋은 곳이라도 회사는 필요하다면 가차 없이 당신을 해고할 준비를 하고 있다. 그러니 너무 늦기 전에 원하는 삶을 향해 나아가라. 당신은 소명을 가지고 태어났다. 더 이상 평생직장에 목숨 걸지 마라. 평생직장이 아닌 평생 소명을 찾아라.

에필로그

강의를 듣는 청년들에게 꿈이 무엇이냐 물으면 바로 답하지 못하는 경우가 많다. 몇몇의 머릿속엔 남들 눈에 좋아 보이는 목표가 가득하다.

"돈을 많이 벌고 싶어요."

"멋진 차 타고 여행 다니고 싶어요."

이렇게 말하는 이들도 있지만 이런 것은 외부요인에 불과할 뿐 인생의 여정에서 좌표를 설정하는 데 큰 중심이 될 북극성을 의미하는 것은 아니다. 남들에게 성공한 사람처럼 보이는 이미지를 주는 것도 물론 중요하지만, 그것이 나의 삶을 좌지우지할 본질은 될 수 없다.

나는 해외에서 살아보길 원했다. 책에서만 읽고 말로만 듣던 해외의 삶과 내가 실제로 겪는 삶은 어떻게 다를까. 끝없이 펼쳐진 바닷가를 거닐며 별이 쏟아질 것 같은 밤하늘을 바라보는 생각만 해도 가슴이 뛰었다. 그러나 나의 상상과 현실은 천지 차이였다. 나는 견딜 수 없는 서러움에 울다 지쳐 하늘을 바라보곤 했다. 기댈 곳 없는 절망적인 현실에 파묻히지 않기 위해 올려다보던 하늘. 하늘은 아무 대답도 없었지만, 시간 날 때마다 바라보면 딱 하루를 견딜 힘을 얻었다.

나의 소명을 찾기까지는 꽤 오랜 시간이 걸렸다. 나 역시 어릴 적부터 화가를 꿈꿨지만, 화가이기 이전에 먼저 어떤 사람이 될 것이며, 어떤 삶을 추구하며, 어떻게 소통할지를 고민하는 방법을 배우기까지 평생이 걸린 듯하다. 그리고 이런 깨달음 속에서 나의 창작활동과 사업도 점차 자리 잡아가고 있다. 나는 작가로서 나의 장점과 단점을 잘 분석한 다음, 장점들만 모아 시너지를 일으킬 수 있는 다른 재능을 끌어왔다. 그림을 그리며 말로 설명하기 어려운 내용들을 글로 담아 칼럼으로 표현했던 것이 그 시초였다.

이 작은 시작은 유튜브를 통해 양질의 도서와 내 인사이트를 더해 전달하는 것, 네이버 카페, 인스타그램, 페이스북 등에서 한 달 100~200만 명이 주목하는 콘텐츠를 만드는 사업으로 확정되었다. 나는 이를 통해 누군가에게 가슴속에 빛을 비춰주는 삶 또한 누리게 되었다. 내 삶을 버티게 해준 원동력인 희망은 당신의 삶에서도 빛나는 별이 되어, 시간이 흐를수록 짙어지는 안개 속을 무사하게 빨리 지나가도록 도와줄 것이다.

꿈을 향한 여정엔 수많은 걸림돌이 있다. 그러나 이런 걸림돌이 당신을 더욱 단단하게 만들어준다. 그리고 어느 순간 디딤돌로 변하게 된 걸림돌을 딛고 꿈을 향해 갈 때, 우리는 다른 사람이 갖지 못한 나만의 스토리를 갖게 된다.

《그리스인 조르바》의 저자 니코스 카잔차키스는 이렇게 말했다.

"현실을 바꿀 순 없지만 현실을 보는 눈은 바꿀 수 있다."

앉지도 못하는 좁은 매대에서 물건을 팔며 하루 18시간씩 일을 하고 파김치가 된 상태에서도, 내가 항상 웃을 수 있었던 건 현실을 보는 눈을 바꿨기 때문이다. 방법은 무엇이든 괜찮다. 긍정의 태도를 익히고 그것을 실천함으로써 느껴지는 삶의 새로운 물결은 엄청난 힘을 발휘한다.

사람들은 꿈을 향해 달려가는 사람들에게 쉽게 이야기한다.

"그렇게까지 한다고 뭐가 달라져?"

당장 눈에 보이는 건 별로 없을 수도 있다. 그들을 만족시킬 엄청난 변화도 없다. 그러나 중요한 것은 매일 빛을 따라 가야 할 길을 가는 것이다. 이때 중요한 건 내면에서 울려퍼지는 소리뿐이다. 그것이 내가 나에게 감동하는 삶, 내가 주인이 되는 삶, 언제 죽어도 후회없을 삶, 결과보다 배우고 익히는 과정을 중시하는 긍정적 삶의 뿌리다.

아무리 노력해도 부모의 경제력이나 학벌에 따라 내 미래가 결정되는 사회에서 나는 시퍼런 얼음기둥을 가슴에 품고 살았다. 항상 일을 마치고 돌아오는 길엔 눈물이 왈칵 났다. 그것이 내가 나에게 허락된 한 면의 아트 칼럼 지면을 통해, 전시에서 선보이는 그림과 SNS를 통해 진심이 담긴 이야기를 하게 된 동기였다.

당장 모든 것을 다 정리하라는 의미가 아니다. 내가 그랬던 것처럼 현재에 최선을 다하며, 꿈도 지켜나가는 것이다. 이 경우 포기해야 할 것들도 있다. 그러나 많은 것들을 다 포기해도 꼭 '희망'만은 잃지 말라. 성급해할 필요는 없다. 잔에 물이 가득 차야 넘치는 것처럼, 한 방울의 물이라도 모자라면 잔의 물은 흐르지 않는다. 그러니 무언가 시작해서 당장 대박을 터트리길 기다리기보다 부단히 노력하며 기다려라. 때가 되면 반드시 열매가 맺힌다. 그러니 오늘의 기다림을 이겨내자.

지금 당신을 아프게 하는 것을 두려워하지 마라. 결국 그것이 당신이 딛고 걸어갈 디딤돌이 되어줄 것이다. 미래를 기다리지 말고, 당신이 삶의 예언자가 되어 당신의 미래를 창조해라. 자신이 꿈꾸는 것에 대해 스스로 지속적인 예언의 말을 들려줌으로써 운명을 바꾸는 것이다.

나는 책을 집필하며 '이 책이 베스트셀러가 된다면 얼마나 행복할까?'를 상상했다. 그러나 지금은 이 책을 읽고 단 한 사람이라도 '나는 희망이다'라는 사실을 깨닫고 삶이 변화되길 꿈꾼다.

나는 지금 행복하다. 언젠가 사람들에게 내가 경험한 것을 나누겠다는 꿈을 버리지 않고 꾸준히 기록했기에 이 책이 탄생했다. 그리고 이 책을 내가 아직 한 번도 만난 적 없는 당신이 지금 읽고 있다니 얼마나 놀라운 일인가.

우리가 책을 통해 함께 꿈을 꾸고 서로를 응원해주는 친구가 된다는 것은 너무나 멋진 일이다. 이처럼 당신의 꿈도 당신이 만난 적 없는 어딘가의 누군가에게 도움을 주게 된다.

그러니 더 이상 현실에 파묻혀서 꿈을 잃어버리지 말자. 누가 뭐라 해도 함께 계속해서 꿈을 떠올리고 지켜내자. 그러다 보면 어느새 꿈은 현실이 된다. 당신의 미래는 당신 이외의 어떤 사람도 한계를 지울 수 없다. 당신에게는 이미 모든 것을 할 수 있는 능력이 있다.

당신이 원한다면 마음의 전쟁에서 이길 방법을 찾게 될 것이다. 나는 당신이 승리하는 모습을 떠올리며 미소 짓는다. 그렇게 변화된 당신의 모습을 보고 누군가 영감을 받는 모습도 상상한다. 이제 선택은 당신 몫이다. 자신이 삶의 예언자가 되어 미래를 창조하라. 원하는 미래를 마음껏 상상하라! 당신은 반드시 잘될 것이다.

하늘이 안기는 집에서

김새해

무엇이든 잘 풀리는 인생

초판 1쇄 인쇄 2023년 7월 20일
초판 1쇄 발행 2023년 7월 31일

지은이 김새해

펴낸이 떠오름
기획 손힘찬
편집 떠오름
디자인 김태민
마케팅 고경표, 이민지
영업관리 떠오름

펴낸곳 ㈜떠오름코퍼레이션
출판등록 제2021-000002호(2020년 4월 28일)
주소 서울특별시 성동구 왕십리로 4길 23-1, 3층 301, 302호
전화 070-4036-4586 팩스 02-6305-4923
홈페이지 www.risebooks.co.kr
이메일 tteoreum9@nate.com

값 17,800원

ISBN 979-11-92372-49-5 03190

ⓒ 주식회사 떠오름·김새해, 2023

*이 책의 저작권은 지은이와 떠오름에 있습니다.
*책 내용의 전부 또는 일부를 이용하려면 반드시 저작권자의 서면 동의를 받아야 합니다.
*잘못 만들어진 책은 구입하신 서점에서 교환해 드립니다.